自律之书

顺应人性的时间管理术

BOOK OF SELF DISCIPLINE

赛先生 ◎ 著

内 容 简 介

本书是一本系统地讲述时间管理的自律实操手册。

本书共分五部分。第一部分阐述"自律的核心",共6章,借助"懒人"这个着力点,提供符合人性的、可行的方法论。第二部分进入"时间管理",共5章,系统阐述日、月、周、晨间、晚间和碎片时间管理,并引出"戒掉坏习惯"的方法。第三部分开启"长期能力锻造",共4章,包括对规划、态度、战略、精力管理、心态管理等的讲述。第四部分为效率,共4章,围绕方法论,阐述效率方法、技巧和效率的真谛。第五部分为决策,共4章,解释决策的重要性及极简高效决策法,最后归纳决策原则,并对全书提炼升华。

本书适合想要学习时间管理,提高工作和学习效率,想要改变和提升自己的读者阅读。

图书在版编目(CIP)数据

自律之书:顺应人性的时间管理术/赛先生著. —北京:北京大学出版社,2021.5
ISBN 978-7-301-32091-4

Ⅰ.①自… Ⅱ.①赛… Ⅲ.①自律-手册 Ⅳ.①C933.41-62

中国版本图书馆CIP数据核字(2021)第054975号

书　　　名	自律之书:顺应人性的时间管理术	
	ZILÜ ZHISHU:SHUNYING RENXING DE SHIJIAN GUANLI SHU	
著作责任者	赛先生　著	
责 任 编 辑	张云静	
标 准 书 号	ISBN 978-7-301-32091-4	
出 版 发 行	北京大学出版社	
地　　　址	北京市海淀区成府路205号　100871	
网　　　址	http://www.pup.cn　　新浪微博:@北京大学出版社	
电 子 信 箱	pup7@pup.cn	
电　　　话	邮购部 010-62752015　发行部 010-62750672　编辑部 010-62570390	
印 刷 者	三河市博文印刷有限公司	
经 销 者	新华书店	
	880毫米×1230毫米　32开本　8.75印张　187千字	
	2021年5月第1版　2022年4月第3次印刷	
印　　　数	6001-8000册	
定　　　价	49.00元	

未经许可,不得以任何方式复制或抄袭本书之部分或全部内容。
版权所有,侵权必究
举报电话:010-62752024　电子信箱:fd@pup.pku.edu.cn
图书如有印装质量问题,请与出版部联系,电话:010-62756370

自序
PREFACE

我猜,这不是你看过的第一本讲自律的书了吧?

但你有没有想过,为什么你看过自律方面的书,却还要继续看呢?你学习自律,无非就是想管好自己,用好自己的时间,而不断地学习自律,本身就是对时间的一种消耗,你没理由一直学下去啊。为了用好时间而挥霍时间,不就南辕北辙了吗?

让我再猜一次。你之所以打开这本书,愿意花时间在它上面,是因为你有个单纯的憧憬:这是我想要的,真正管用的自律书。

自律,是一门特殊的学问。每个人都需要它,却从来没有一所大学、一门课程是系统阐述它的。与缺乏情商教育、逆商教育和财商教育一样,我们的自律教育也是匮乏的。更糟的是,正因为它没有一个权威的标准,导致关于这方面的研究鱼龙混杂,各种稀奇古怪的自律法层出不穷。这些方法大都乍一听很有道理,但没用多久就放弃了——这还算好的,更有甚者,直接打着"自律"的幌子给你"灌鸡汤"。

这或许也是你看本书的原因。你想学到一套真正能帮助自己的自律法,而非什么"坚持""原则""要事第一"这类正确的废话。如果一个人靠坚持就能自律,靠原则就能把事情做好,靠把事情区分出轻重缓急就有动力去行动的话,这本书,甚至关于人性的所有心理学研究,就都没有存在的必要了。如果你能做到,那你真的没必要看这本书。这本书是写给凡人的,"凡"在人性:不论我们是谁,都有懒、拖延、鼠目寸光、七情六欲等平凡而多彩的人性。

绝大部分自律法,都是在教你控制甚至战胜人性。就拿"懒"来说吧,懒是人性,自律就是让意志力去对抗它。但这样与人性硬碰硬的战斗,却很少有人胜出。你再怎么告诉自己"自律的价值",也还是看到薯片就想吃,想起运动就会累,在今天的快乐和明年的幸福中,无数次地憧憬后者而选择前者。最后,你放弃了,你认为是你的意志力不行,却从没有怀疑过是方法不好。

因为工作,我接触了自律,而越接触就越匪夷所思:自律的方法那么多,为什么经得起人性考验的那么少?后来,我终于在各种自律书的作者简介里找到了答案:16岁考上清华少年班、20岁出任上市公司总裁、30岁实现财务自由、一年学会麻省理工学院50多项专业……这些,都是自律类畅销书作者的标配。我只是个凡人,你却把奇才的方法拿给我用,我用得好才怪!

那么,对于我们这些"凡人",什么才是好方法呢?反过来就行了——顺应人性。凡人的好方法,就是先顺应人性,再提高效能。不顺应人性,再好的方法也难以坚持下去。自律这件事,你不该效仿奇才,只考虑"怎样坚持自律",而是要问自己一个必须要答对的问题:"怎样顺应人性地自律?"

很简单。我相信,看完第一章,你就会有答案。

目录

I 自律的核心

第1章 习惯养成法 | 10分钟学会,受用几十年 2

第2章 学法 | 你读了那么多年书,为什么还在为自律发愁? 12

第3章 改变策略1 | 和"低品质勤奋"say goodbye 23

第4章 改变策略2 | 彻底告别"拖延症" 35

第5章 改变策略3 | 解决你解决不了的问题 46

第6章 改变进阶 | 你看得见地球的黑夜,但能否瞥见改变的星空? 55

II 你从未听说过的"时间管理"

第7章 日管理 | 你的一天,不止24小时 66

第8章 月管理 | 谷歌、领英都在用的极简规划法 82

第9章 三样管理 | 告别熬夜,赋能你的未来和皮肤 95

第10章 碎片时间管理 | 用好它,你每年不止能多读10本书 104

第11章 "黑洞"管理 | "时间黑洞"是什么,以及怎么做 115

III 长期能力锻造

- 第 12 章　发展｜请不要再为"生涯规划"交智商税了 ………………… 130
- 第 13 章　破局｜你是自己的战略家 …………………………………… 141
- 第 14 章　精力管理｜你控制不了你的身体，但能管好你的精力 ……… 155
- 第 15 章　心态管理｜快乐一点，好很多 ……………………………… 171

IV 效率远征之旅

- 第 16 章　方法｜学了那么多"提效方法"，你的效率提高了吗? …… 184
- 第 17 章　正面｜提高效率的另一面（上）………………………………… 197
- 第 18 章　侧面｜提高效率的另一面（下）………………………………… 208
- 第 19 章　技巧｜5 个看完就变现的提效技巧 ………………………… 216

V 做好一个决策

- 第 20 章　错误决策｜每个平庸的人，都是错误决策的高手 …………… 228
- 第 21 章　元方法｜一个扭亏为盈的决策心法 ………………………… 240
- 第 22 章　定大事｜大决策，需要一套大决策法 ……………………… 253
- 第 23 章　决策原则｜决策高手做对了什么? …………………………… 264

I

自律的核心

第1章 习惯养成法
10分钟学会，受用几十年

小王住在配有全套名牌家具的别墅里，每天坚持读书、运动，穿戴很有品位，就算初次见面，你也能感到他可以信任。他有很多朋友，经常参加社会活动，时不时在朋友圈发在世界各地旅行的照片。

他凭什么能做到？

"因为他有钱。"你可能想。

小李在国企上班，月薪就那样。无论工作多忙，他都会坚持读书、运动。他穿着打扮得体，爱交朋友，人缘也不错。而且，就算资金有限，他也会每年旅游一两次，哪怕是穷游。

我们想过像小王一样的生活，但大部分人连小李的水平都达不到。小王有这般令人羡慕的生活，靠的是三件东西：心态、实力和运气。而小李，因为养成了好的生活、阅读、运动和社交的习惯，生活也快乐自在。欲赶小王，先追小李。希望你能先花10分钟，好好学习这本书的第一件武器——习惯养成法。

习惯啊习惯，养你不容易

习惯对人们生活的影响不用赘述，根据相关研究报告统计，我们行为的 40%~60% 受习惯影响。假如我们是一辆可以自动驾驶的汽车，那么习惯就是车上的自动驾驶系统。

举个简单的例子，你觉得你的偶像长得太帅了，想要为他的颜值鼓掌，好，现在就鼓，鼓完再往下看。

你鼓了几下？三下、五下，还是七下？不论几下，你会发现，你几乎每次鼓掌的时候都会鼓同样多下。这就是习惯，它总是在你无意识的时候操纵你的行为，是个货真价实的"自动驾驶系统"。

为了搭建一套令人满意的"自动驾驶系统"，而不是在不操纵方向盘时让车子朝着人行道一路狂奔，我们需要培养好习惯。但说起来容易，做起来难。

五年前，我想要培养阅读的习惯。我抱了几本书放在书桌上，桌上有个银色蛋状计时器。每天，我拿起书，一小时倒计时就随着"滋滋"声开始，"叮叮"声结束。当我感觉眼睛酸胀得不行时，一般情况下，也只不过刚过了半个小时。有一天，我忘了阅读，第二天想补上却没补完，第三天又补第二天的，以此循环，直到放弃。

我一直认为，自己是个典型的反面案例。但学习自律法后，我发现，养成一个好习惯对任何人都绝非易事，失败的案例不胜枚举：有人想练字，每天发视频到网上，利用他人监督自己，但坚持二十天就"断片儿"了；有人想早起，报了个"早起打卡群"，交了押金，痛苦地坚持早起几天后，押金就被抛在脑后，回到睡懒觉的从前。

其实，我们之所以难以养成良好习惯，很大程度上是因为我们对培养习惯有太深的误解。

误解一：养成习惯需要强大的意志力

有不少观点让人相信意志力，如"棉花糖实验"[①]"意志力铸造自律""意志力决定成败"等。

这不假，许多人能取得很高的成就确实与他们超强的意志力有关。但我们大都是意志力并不强的普通人，就算我们再相信意志力的力量，意志力也只有那么点。对大多数人而言，科学使用意志力，而非一味追求强大的意志力，才是我们应该做的。

因此，培养习惯，不是使用意志力，反而要减少意志力的消耗，因为意志力会越用越少。曾经有一个著名的"胡萝卜实验"：实验对象被分为两组，一组吃着飘香的曲奇饼，另一组闻着飘香的曲奇饼，啃胡萝卜。无疑，闻着香味却只能啃胡萝卜的组员需要消耗大量的意志力。吃完后，研究者给他们出了相同的题，吃曲奇饼的组员平均花在做题上的时间远高于吃胡萝卜的组员，不是因为他们的智商有差别，而是吃曲奇饼的组员遇到难题时没有过早放弃，而吃胡萝卜的组员在遇到难题时就轻易放弃了，因为他们的意志力已经被消耗了。

可见，意志力是一种宝贵的资源，会随着使用而减少。

---

① 一个著名的关于"意志力"的实验，通过小朋友能否忍住不吃棉花糖和未来收入的关系，得出了"意志力对人的影响极为巨大"的结论。

误解二：撑过 21 天，习惯就定型了

回忆一下，就你自己的经验而言，养成一个习惯真的只需用 21 天吗？

那些鼓吹 21 天养成新习惯的多半是"好孩子夏令营"或者"减脂训练营"。他们提出，有了这 21 天的外力推动，就可以形成好的习惯。尽管过程痛苦，但一想想 21 天后就能成为那个更好的自己，很多人就动心了。

我的朋友杨琳就参加过所谓的"减脂训练营"，第一天练完，她满身汗水，头发和衣服像被洒水车浇了一样。她说："这训练太酸爽了。"

大概一个月后，我问她："你现在运动强度小些了吧？"

她说："唉，也许我这种人天生不适合运动。"

后来我才知道，21 天后，因为她累得剩了半条命，也只减了不到 10 斤，而且看上去和原来差不多，所以她很失望，运动频率也越来越低。再后来，干脆就不动了。这 21 天只给了她汗与泪，并没有让她搭建好"自动驾驶系统"。不到 3 个月，她的体重又回到了减脂前的重量。

事实上有研究表明，人养成习惯的平均时间是 66 天。而我查阅大量资料后发现，不同的习惯养成时间并不一样。行为习惯大概需要 1 个月，身体习惯需要 3 个月；最难的是思维习惯，平均要 6 个月才能养成。

所谓行为习惯，是指那些做起来不费力，如"多喝水""出门前检查钥匙"等习惯。而身体习惯，就需要你付出一定的行动，需要时间和意志力，比如运动、读书等。思维习惯，即所谓的"方法论"，比如换位思考、逆向思维，又如这本书讲的自律法。但不论哪种习惯，养成一个习惯需要的时间都不止21天。

误解三：几个习惯可以一起养成

即便你学会了我们接下来要讲的方法，也一定要认清这一条。这是典型的用力过猛的表现，大力不一定出奇迹。有这种观点的人，本质上是因为没有弄清培养习惯的原材料是什么，它的原材料正是意志力。

我们之所以不能依赖意志力，正是因为培养习惯需要使用意志力。过度使用意志力，就像因为疯狂购物而把信用卡刷透支一样。而科学使用意志力，就像合理节俭地购物，该买的东西都买了，银行卡上仍有余额。

一个人想要做的事越多，注意力就越分散，分散会带来不必要的注意力损耗。而几乎在所有情况下注意力和意志力都紧密相连，甚至可以说，注意力就是意志力的一种表现。消耗注意力，就是在耗散意志力。

培养一个习惯，需要关注一件事；而培养两个习惯，可能需要关注好几件事。如果培养一个习惯只需要消耗一份意志力（注意力），那么培养两个习惯，则会消耗三四份意志力，甚至更多。

再者，哪怕你已经养成了一个习惯，但另一个习惯还没养成，你可能也会不高兴，甚至懊恼。这种情况持续几次，最后，你很可能把两个习惯一块"扔"了。

我建议，在养成习惯这件事上，最好一次只培养一个习惯，慢慢积累经验（如果你有经验，有把握，可以且最多同时培养两个习惯）。等这个习惯基本固定下来，再去培养新的习惯，至少需要两个星期的时间。

误解四：习惯就是每天都要完成

这个想法是消灭习惯的"第一杀手"，坚持这种观点，那几乎什么习惯都达不成。维基百科对习惯的定义是，一种常常出现的行为，而且经常无意识地出现。常常出现不代表每天出现，如果要求自己必须每天都做到，往往会因为某一天没做到而放弃习惯的养成；因为即便再自律的人，也做不到从不间断地坚持做一件事。

不过，不少人相信养成习惯需要"每天坚持"。他们下载了记录习惯的软件，天天打卡。累积的"连续打卡天数"越多，他们就越不想放弃。我听朋友讲，有一个"铁人"，即便发着高烧也坚持去游泳馆游两圈。但是，不论他再怎么严格要求自己，也总会有几次因没打卡而使连续打卡天数清零，这种感觉当然不好。果然，又过了一段时间，听说那个"铁人"放弃游泳了。

习惯，经常做就行了，没必要那么严苛。我有看书的习惯，有时候一天能看好几个小时，但一个月中也只有20天左右能拿起书。但这不仅不妨碍我每年读30本书的目标，恰恰相反，因为灵活性较大，我可以根据自己的状态来。没有状态时安心追剧，有状态时手不释卷，反而做得更好，不仅达成了目标，还看了不少好剧。跟着自己的状态来，才是对待习惯和践行自律该有的态度。

自律领域的知名专家纪元老师曾经讲过:"我有每天早上 4 点起床的习惯,但在一年中,也只有两百多天能够做到。剩下的一百多天,我照样睡到自然醒。"连自律领域的顶级专家都做不到每天坚持,我们为什么要强迫自己做到呢?

一个养成习惯的靠谱方法

进入正题,下面我们来聊一聊应该怎样养成一个习惯。

第一步,描述你想养成的习惯。比如,每天读书 1 小时、每天打 1 个电话给爸妈、每天锻炼半小时……把这些习惯描述出来。

第二步,用括号括上量词、限定词。如(每天)读书(1 小时)、(每天)打(1 个)电话给爸妈、(每天)锻炼(半小时)。

第三步,将括上的量词或限定词,改为你认为的程度最低的量词或限定词(如果量词、限定词都有就根据情况只改一个)。如(每天)读书(5 分钟)、(每 3 天)打(1 个)电话给爸妈、(每天)锻炼(10 分钟)。

第四步,将改过的量词或限定词的程度再往下降一级,并坚持至少两个星期。如(每天)读书(1 分钟)、(每周)打(1 个)电话给爸妈、(每天)锻炼(2 分钟)。

第五步,使用日历或下载一个习惯打卡的软件,按计划做完后就打卡。

第六步,每周日根据打卡记录计算本周的习惯达成率。

图 1-1 所示为我用两个半月的时间养成的练字习惯的记录,养

成后就不用再打卡了。

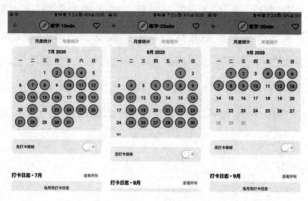

图 1-1　我的练字习惯记录

除此之外,你还可以每天设一个闹钟提醒自己,闹钟最好设在刚下班后。这样,就可以保证你收到提醒后还有意志力去做你计划要做的事。

最后一步,当某一周的打卡率 ≥ 5/7 时,再从第三步开始重复。

但是,我们说的重复并不是简单地重复,而是要提高标准,比如把量词乘以 2,或者把限定词除以 2,两星期后评判结果,再考虑下一步的计划。一般而言,打卡 8~10 周,这个习惯就养成了,哪怕你不去刻意想它,你的"自动驾驶系统"也可以开始精准运作。

另外,改量词还是改限定词也是一门学问。假如你的目标是"每天读书半小时",改量词是"每天读书 5 分钟",改限定词是"每 3 天读书半小时"。一般而言,改限定词对意志力要求更高。如果你之前从未养成过读书的习惯,就最好改量词,原因在于"反复铭刻":习惯必然对应行为,一定时间里某个行为重复得越多,就越能"铭刻"

在大脑里。

而改限定词，更适合"重拾习惯"或者培养简单的习惯。比如你之前有看书的习惯，但是最近没有坚持下去，那就尝试每 3 天看半小时书，然后逐步提高标准。如果你想养成记账的习惯，因为难度不大，也可以尝试每 3 天记一次账。因为修改限定词需要更高的意志力，所以，只有在对这个习惯有充分把握的情况下才能去尝试。

靠谱的逻辑

一句话概括这个方法的逻辑——竹子是一节一节长的，即做事要循序渐进。道理谁都知道，但光知道没有用，要做到才行。在养成习惯上，我们都会或多或少地冒进，定一些对自己过于严苛、不切实际的目标。所以，最好的办法就是先设定一个极其简单的目标。

最开始培养习惯的两个星期，要把你理想习惯的对应行为刻到脑子里，这就是"反复铭刻"。反复铭刻的深层原理是凹槽效应：人们总能在一个爱哭的女孩脸上瞥见两条泪痕，因为当流泪频率过高，并持续一段时间后，眼泪在脸颊上会雕刻出凹痕，就像河流在大地上创造河道一样。如果再流泪，眼泪就会顺着凹槽流下。这就好比我们的行为，行为在一段时间内反复出现，就会逐渐形成"下意识"的现象，换句话说，就是"行为刻到了脑子里"。

哪怕每天阅读 1 分钟、看 1 页书，你也要有找书、翻书的动作。小目标的好处是任务极其简单，拿起书很轻松、没压力，能保证这个动作被反复强化。这样你就不会像那些每天要求自己必须读 30 分钟书的人一样，把读书当作一项苦差事。

接下来的几个星期，一是继续强化行为，让"凹槽"更大、更深；二是逐步提高标准，最后在一个满意的点停止并保持。像爬楼梯一样，习惯对应行为的难度也是一层一层爬升的。进步的时候，我们需要一点点提升。如果习惯难度跨越过大，如原先是每天读书5分钟，两周后变成每天读书半小时，单凭数字看，难度就翻了6倍，这样做到的难度就有点大了。

好习惯受用一生，如果图快而不稳，就很可能在阴沟里翻船。目标突然变大，达成率难免有所下降，这时，摧毁这个习惯的可能性就会提高。

所以，你可以先定一个你认为可能达成的目标进行强化，如果感到吃力，或一周的达成率有所下降，那就马上退回到原来的目标；如果达成轻松，达成率也没有降低，那就持续两个星期，之后再进一步提高难度。

现在，你便可以放下书，想一个你想养成的习惯，播种下去，按照上文的方法栽培起来，等待两个月后收获甜美的硕果。

第2章 学法
你读了那么多年书，为什么还在为自律发愁？

不少人总是看起来很爱学习。

有一次，我坐电梯时，一个身穿深空灰夹克的男人走了进来，低头看着手机，手机里播放着："获得良好人际关系的五种策略，第一种……第二种……"等电梯到一楼时，已经播到了第三种。

出了电梯，走几步便是大门。大门需要手动拨开，那个男人就在门口站着，很明显，他是在等我开门。

我左手拿着一个蓝色旅行箱，右手拿着一个要扔的垃圾袋，只好笑道："大哥，您能开下门吗？"

他没有说话，把门打开，径直走了出去，我也只好赶紧跟上，趁着门关前走了出来。

看着他离开，我突然想起来，他听的"策略"中，第一条就是：给他人提供便利，不要总是麻烦别人。

这个经历让我记忆深刻，不是因为对那个男人不满，而是深刻认识到对很多人而言，"知道"与"做到"之间的鸿沟如此之大。仅仅"爱"学习是没用的，把知识转化为行动才是重中之重。

体验式学习大师大卫·库伯曾提出一个叫"库伯学习圈"的理论，如图2-1所示。该理论认为，一次成功的学习，必须要经过行动→经验→规律→行动这个闭环。第一步,先从行动中探寻经验;第二步,根据经验总结规律;第三步,用规律指导新的行动。然而在大多数人的"学习"里,通常只有第一步。

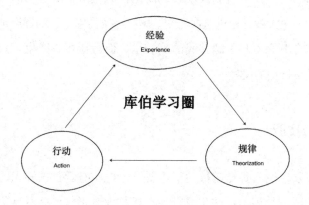

图 2-1　库伯学习圈

之所以讲库伯学习圈,是因为想要学会自律,以至学好任何东西,都应该遵循这个理论。因为,它是目前国际公认的最有效的学法之一。

缺席的"从规律到行动"

先说最后一步:用规律指导行动。

缺少行动是学习中最普遍的现象。随着知识付费等产业的发展,人们学习的知识越来越多,但行动力却没有随之提高。比如,你刚才学习了习惯养成法,有没有马上用它来培养习惯呢?

只有增强与知识的联系，也就是"行动"，知识才能产生价值，才会影响我们。比如"换位思考"这个概念，你一定听过，但你行动过吗？有一次在和爱人争吵时，我尝试换位思考，发现她生气有理有据，我便没有再和她争吵，而是任她发泄，等她气消，也因此避免了一次大吵。通过这次经历，我对"换位思考"的理解加深了，也让这个概念不只是睡在我的脑袋里，而是让行动产生了效果。而这，正是行动的美妙。

知识与技能

如果你说，我知道行动很重要，但把所有学过的知识（即便是所有重要的知识）都转化成行动，还是太难了。那么恭喜你，你还算正常。我们不可能把学过的每个知识都转化为行动，因为我们学到的"知识"太多了，一个还没结婚的人不小心学到了"对付青春期孩子的方法"，难道就应该赶快生个宝宝吗？

但是，我们至少得把每个重要的"技能"都转化成行动。技能不同于知识，但技能很像知识，大部分人，包括我，经常把知识和技能混为一谈，但它们完全不同。"养成习惯要循序渐进"与"循序渐进是符合人性的"，在一般人看来，前者是后者的引申，两者具有相似性。但是，我们要明白，这两条信息对我们的意义完全不同。前者是一项技能，后者是一条知识。

技能与知识的根本区别是，对于一项技能，即便你认为你懂了，如果你不亲自实践一下，也永远不知道正确的做法是什么。如果你不去尝试循序渐进地养成习惯，你永远不知道会有什么样的效果，会遇到哪些困难。大部分知识只需懂了就行，比如"越来越多的年轻人生存空间在萎缩"，但技能必须得练才会养成。所以，"换位思考"其实并非知识，而是一项技能。因为如果你不实践、不练习，就不会明白到底该怎么做。

技能还有一个特点：只要不"刻意运用"就产生不了价值。知识的运用很多都是无意的，你不会把店开在鸟不拉屎的地方，这背后其实就运用了"流量多的地方机会多"这条知识，但你肯定没意识到。不过，是技能就必须要刻意运用，你学了再多人际关系的知识（其实是技能），不去刻意练习、使用，就一定还是处理不好人际关系。"自律"也是一项技能，不刻意练习、运用也不会有什么价值。

在我看来，自律是好的时间管理的结果，当你能在对的时间做好该做的事，就已经到达了"自律"的终点线。而时间管理，与其说是对时间的管理，不如说是对自己的管理。时间管理和管理一样，都是技能。这些东西懂再多，只要不去用，不练习，都是没有用的。

我有时候会把自己的时间管理经验分享给别人，有一次，我就把我的习惯养成法分享给了我的朋友吕昂。他觉得太有道理了，觉得一定要这么做。"我一直觉得养成看书这个习惯很重要，谢谢你告诉我，我要去试试。"

然后，就没有然后了。

大概是他当天晚上回家就忙忘了吧。半年后偶然提到，他告诉我，他对我讲的方法有点印象，但记不得是什么具体的方法了。至于阅读量，他半年读了一本书，也没用什么方法。

吕昂像松鼠收集松果一样，不断收集各式各样的、看似有用的技能，但从来不刻意使用，最后的结果一定是"道理都懂，却依旧过不好这一生"。技能不去刻意练习、使用，就是垃圾，既占用大脑的储存空间，又在学习技能的过程中浪费了时间和精力。

缺席的"从经验到规律"

除了缺乏行动外，分不清经验和规律也是我们常犯的错误。

小王前段时间工作压力大，每周的周一到周五一共只睡20多小时，在他崩溃想要辞职之际，突然间工作任务量减小了，工作逐渐变得轻松，之后他还升了职。小王颇有感悟，总结了一条经验：今天很残酷，明天很残酷，后天很美好，但绝大多数人都死在了明天晚上。

一年后，小王又遇到了类似的情况，他依旧咬牙坚持，终于把自己累进了医院，还被老板开除了，说他效率太低。

为什么会这样？因为他只是在用经验指导行动，而不是用规律指导行动。经验是有漏洞和局限的，用经验指导行动肯定会出现各种各样的问题。而规律是对经验的提取，是看透经验中本质的东西。比如，"三十六计，走为上计"是经验，而"少与他人冲突，除非不可避免"才是提炼出的规律。用规律指导行为，成功率会比用经验高很多。

小王之前的职位是创意总监，手下只有3个人，人少任务多，当然很忙。后来，因为公司把他们的大部分业务外包了出去，所以任务量才会减小。再后来,公司干脆把所有的相关业务都外包了,他和几个总监因为工作卖力,晋升到了新岗位。如果他有能力把经验转化为规律,就会得出"做对公司重要的工作,如果实在撑不住,公司一定会找别的方法"这一条规律。

规律被提炼出来后,或许他会"细思恐极":事实上,升不升职是完全无法预料的,运气不好直接就被开除了,根本不会有什么"后天很美好"的情况发生。

但他却把错误的结论牢记于心,他的新岗位是运营副经理,但做运营的人很多,副经理也不用做什么特别实际的工作,主要是协调各部门的关系。换言之,他的工作其实没那么重要(重要性很大程度上取决于稀缺性),谁做都行。这时候,如果他脑子里装的不是经验而是规律,就会在工作时多留个心眼,少滞留任务,多把任务发出去,而不是一个人蛮干。到最后,公司没理由把他的任务减少,只有将他开除。用规律而非经验指导行动是重要的,它能避免许多不该出现的糟糕结果。

而把经验转化成规律的方法其实也很简单,一共就两步:反思、验证。

反思

关于反思这件事,我的朋友骆雨让我佩服得五体投地。

有一次,我无意间把"习惯养成法"告诉了她,大概一星期后,她说:"你的方法不错,但另一个方法对我更加有效——只打卡,不进步。"她的意思是,自己永远停留在一个极其小的目标上。比如,她的目标就是每天读一页书，坚持读完打卡，不需要所谓的"爬楼梯"，只要每天都坚持读就行了。因为，总有几天她的状态会很好，她就会多读几页甚至几十页；也会有一两天状态很糟，读一页书也是可能的，但读书的行为从不会断。半年后，她告诉我："用了这个方法，我读了13本书，还算挺满意了！"

后来我问她，她是怎么得出这个方法的，她说，在听了我的方法后，她马上就思考其中的原理是什么。尽管我告诉她是"循序渐进"，但她认为还有更好的解释。接着，她便发现了"减少阻力"的原理：一旦一个目标极小，行动起来就不会有什么心理压力。如果目标是看10页书，光想想都有点畏惧，但如果是一页，就会觉得很容易，拿起书很轻松。状态好时看完一页又一页，每多看一页就觉得多赚到一点。即便只看了一页，习惯也不会断，最后，"看书"便成了日常行为。

这正是反思，是把经验提炼成规律的关键一步。我们看书、学习时，大多数时候只是在被动吸收：书里的各种数据、研究、案例告诉你这就是规律，我们也把它们当作规律，觉得看一眼记住了就行。但这些其实也仍然只是经验，规律得靠我们自己反思才能总结出来。

比如"天下武功，唯快不破"，听上去很像规律，但它也只是经验。你再快，对方力量是你的3倍，你打他10拳他才会晕，他给你一拳你就不省人事了。所以，经过反思，"在力量、体型、技巧相似的情况下，速度在格斗中起决定性作用"才是规律[1]。

---

[1] 每条经验得出的规律可能不止一种。

看这本书也一样。我告诉你的种种是我提炼的规律，但这只是你看过这本书后得到的经验。每个人的具体情况都不同，不可能有什么万能的方法。你要做的，就是像骆雨一样把经验拿来反思、验证，结合自己已有的知识、经历总结出自己的规律，指导自己的行为。

验证

我们之前都在讲反思，对于验证该怎么做呢？最好的方法是对比，用"经验"与"规律"分别指导行为，看看哪个更有效。骆雨最初同时培养了两个习惯：一个是看书，另一个是每日复盘，分别用我告诉她的方法和她归纳的方法，即经验与规律来指导。最后，她认为我的方法不如她的简单好用，索性把我的方法扔进了垃圾桶，带着自己的方法上路。

验证是一种行动。我通常用的验证方法比骆雨简单：学到了 A，反思 A，得出规律 B，拿 B 指导行为。几次下来结果不错，就坚持用 B 指导，除非有什么事能让我重新思考，那就回到经验 A，重复这个过程。

不过，我们在"习惯养成法"中也讲过，循序渐进对任何习惯都是有效的，对思维习惯也一样。最好先养成反思"经验"，提炼"规律"的习惯，再逐步加入"验证"这个环节。学习本书也是如此，最开始，你学习的是我归纳的方法论；反思后，你形成了一套由我讲的知识观点提炼出的自律体系。而你经过不断验证，逐步把这套方法论改造成自己的方法论，把我的知识体系改造成你自己的体系。

自律也好，时间管理也罢，都是需要终生学习的学问。软件银行集团创始人孙正义说:"我时常都在反思现在的时间管理是否正确。"别指望万能的方法——不仅对谁都有用,而且还能一直有用(失去了改进的空间)。你可以学习、反思、验证我提供的方法蕴含的内在原理,即规律,再拿它来指导自己的行为。

学着把经验转化成规律,再实打实地用规律指导行动,从行动中感悟经验,再由经验转化成规律……一个一个的学习圈就搭建成了,掌握库伯学习圈的方法,把它反思、验证成自己的学习规律,再学习任何其他技能都会事半功倍。

自律的规律

方法讲完了,咱们再接着聊聊这本书的主题吧。既然几乎所有知识、技能都能转化成规律,那么,自律,或者说"时间管理"这件事又有什么规律呢?或者说,自律的核心是什么呢?

改变。

一切自律的方法、技巧都是为了产生好的改变。

那些制订计划并认真执行的人,那些有好习惯并还在持续进步的人,那些珍惜自己时间的人,那些别人眼中无比"自律"的人,他们都只有一个诉求:把自己塑造、改变得更好。

追求自律的人,至少是有上进心的人,从这一点看,我们就已经与"丧"的人截然不同(尽管有时候我们也很丧),我们会追求让自己更好的改变。一个工作的人想变得自律,是为了让自己的健康、人际关系和收入情况变得更好。一个学生想自律,是为了让自己的成绩、个人素质和前景变得更好。一个妈妈想自律，是为了在平衡自我需求、家庭、事业方面变得更好。改变是途径，变得更好是目的。自律以及它的源动力——时间管理，正是要在对的时间做好该做的事，借助时间这一原料，日积月累，将自己改变得更好。

我对自律的认识和大多数人不一样：所谓自律，不是忍住欲望做苦行僧，也不是事无巨细地做好每一件事，甚至也不是做好最重要的事，而是让"时间"促成我们，促成我们实现我们想要的、更好的改变。

用了很多提高效率的方法、工具，即便深夜也在加班加点地学习，也许仍是一条错误的路，它在牺牲你的健康、意志力等很多东西，十几年后，你可能还是跟以前一样，平庸地忙碌，并没有好的改变。而哪怕仅仅养成好的读书、运动和睡眠习惯，一两年后都可以产生很大的变化。人群中只有极少数人能获得巨大成功，但是，自律能让每个人都变得比从前更好。

话说回来，学习，只是知晓一件事；行动，才是做一件事；改变，是做一件让今后的你与现在的你不同的事，是一种指向自己的行动。改变是一种行动，你看完这本书如果不去运用，那你就是在浪费时间，糟践自己的生命。如果你学习只是为了对抗焦虑、得到获取知识的快感，那你还不如去看美剧，或背几句又绕又拗口的哲理名言。

将改变持续一生的人，若不是变得更差（坏的改变），必将是变得更好（好的改变）。如果把改变当作自律的重点行为考察，那么，在你的一生中自律的方法也应该不断改进，只有这样才能有源源活水，你也才能重新做回自己的主人。

不论如何，我都希望这本书能给你带来好的改变，这当然最需要你自己的努力和智慧。持续改变的力量大过出身、文凭和能力。随着时间流逝，前者的力量会越来越大，而后者会一点一点地消磨。如果能驾驭人性的弱点，管理好时间，促进自己不断往好的方向改变，自然是莫大的幸事。

我们Ⅰ段的主要内容是"自律的核心"，什么是核心，该怎么修炼，你都已经知道了。接下来，我们会继续推进，锻造"改变"的技能。培养习惯只是万花丛中的一朵，还有更多娇艳的花等你来摘。

第3章 改变策略1
和"低品质勤奋"say goodbye

不卖关子,直接告诉你这章的主要内容吧:清晨三件事。

清晨三件事,是著名生涯规划师、新精英生涯创始人古典老师对博恩·崔西[①]"三只青蛙法"的提炼。所谓三只青蛙法,就是把我们要做的事比作青蛙,每天选取三只最大的青蛙吃掉。或者说,每天早上,写下三件你认为最重要的事,并在这一天内完成。

这个方法妙就妙在它让你意识到什么是真正重要的,你迫切需要在哪些地方改变。据说,杰克·韦尔奇[②]曾经把三只青蛙法推荐给一家公司的老总,这家公司在资金、结构、投资领域都有严重的问题,简单来说,就是快倒闭了。老总用了这个方法后,公司终于慢慢活了过来。原来的他只知道公司亟须改变,却不知道从哪里入手,想不通问题到底出在哪里,而用了三只青蛙法后,他开始在一大堆鸡毛一样的事务中寻找埋藏的黄金,做一些真正重要的事。他每天的三件事最终改变了整个公司。

对公司老总有用,对我们也一样。这些年来,"低品质勤奋"这

[①] 美国首屈一指的个人成长专家,是当今世界上个人职业发展方面最成功的演说家和咨询家之一。

[②] 通用电气集团原董事长兼CEO,被誉为"美国当代最成功、最伟大的企业家"。

个词越来越流行，而所谓的"低品质勤奋"，无非就是把勤奋用错了地方，就像那位老总之前那样：努力，却没有好结果。而"清晨三件事"可以引导你不断思考什么是对自己最重要的，你也会逐渐明白自己该走哪条路，该放弃哪条街。这个过程会让你的努力越来越精准、高效。

每天清晨，我刷牙时会思考今天的"三件事"，并把每件事都放在清单里，给它们最高的优先级。不到一个月，我就更加深刻地理解了我的处境，我需要改变什么，我在哪些方面有欠缺。而把它们写在清单里，提醒我去完成，则是实实在在地帮助我改变了我的处境，至少在意识到自己读书太少时，我把读书当成了我的头等大事。

下面，就是它的使用方法。

（1）清晨或前一天晚上睡觉前，思考你认为你今天最重要的三件事。（开始想）

（2）想想对于这三件事，你想要的结果是什么，为了达到这个结果，你会怎么做。（想透彻）

（3）把它记下来，并加到待办清单中。（记录好）

（4）当晚反思三件事的完成情况。（做反思）

我们逐个分析每一步的做法。

第一步，开始想

这个思考难度不大，"清晨三件事"之所以被人惊呼有用，只是因为人们很少关注那些真正重要的事：一些父母忙着挣钱给孩子，却没有花时间陪孩子，最后，孩子没有变得很出色，父母认为是孩子不努力、不懂事，而孩子却觉得是父母不关心自己，只会拿钱敷衍了事。这样的例子比比皆是。但是,那些父母是真的糊涂,真的需要别人告诉他们"陪伴孩子很重要"吗?不是,他们只是从来没有"真正"认真思考过这件事值不值得去做,从来没有想过到底什么才是最重要的,什么能带来好的改变。

第一步,认真思考到底什么对你最重要,等你思考出这三件事后,也许你会发现,这和你凭直觉给出的答案完全不同。

第二步,想透彻

光想出这三件事没用,还要去做。但即便是做,也只达到了部分效果,还有大部分效果取决于能得到什么结果。我们在"改变"和"变得更好"中讲过这个逻辑:改变是手段,而变得更好才是目的。同理,做三件事是手段,把每件事推向你想要的结果才是目的。如果只是想出了三件事,却没有想透彻,不给每件事预设一个结果,不以结果为导向,就可能会像小张这样。

小张的"清晨三件事":

(1)和女朋友约会。

(2)学习《高级工程师技术研究》。

(3)开始培养冥想的习惯。

乍一看没有问题,但一天执行下来,结果有可能会成这样。

(1)约会时嘴欠,俩人开始争执,最后把女朋友气得眼眶都红了。

(2)读书读了两页就提不起精神,去打游戏了。

(3)选了个冥想课程,听了一集,然后加入"我的收藏"(剩下几天就没碰了)。

这就是只思考事情本身,不思考结果的悲剧。你写出三件事,脑袋里应该惦记三个结果。如果小张的脑袋里装的不是这三件事，而是三个想要的结果，情况就会好很多，三个对应的结果可以是这样。

（1）和女朋友"深化友谊"，并将她带回家。

（2）熟记第二章的知识点，并对第三章一、二小节有所了解。

（3）软件里新增冥想习惯培养的任务，并有一套正规、严谨的指导课程。

这样，该做什么、不该做什么就一目了然了。不过，想要思考得更加透彻，你还可以想：为了达成结果，我该怎么做？

再拿小张举例，他也许可以这样想。

（1）问问那个把女朋友带回家的同事小李，他是怎么做到的，另外，在一些专业的心理学账号上学习有关的文章。

（2）先做一套第二章的自测题，根据错题回溯知识点，最后，简单浏览一遍第三章一、二小节。

（3）先定一个很小的目标：每天冥想一分钟，在软件里进行冥想习惯打卡。最后，在相关网站上查找、询问关于冥想的好课程，试听感觉不错就购买。

像这样，你就可以把一天最重要的三件事搞得有理有序，知道三件事的结果，也知道该怎样靠近结果。

第三步，记录好

之后，你就可以把这三件事记下来了，可以记在本子、备忘录上，也可以记在微信上，甚至可以发到朋友圈，只是要去掉一些敏感词（女朋友、朋友姓名之类的）。发出去，好让朋友们监督你。

至于加到清单里，这一步可有可无。因为如果你已经思考了要达到什么样的结果、该怎么做，这三件事在今天对于你就已经印象深刻了，不需要清单的提醒。当然，如果你已经习惯把每天要做的事用一个本子或以一页清单的形式记下来，你就可以直接把这三件事加入每天的清单。一般清单上的事项都有优先级，那么"清晨三件事"就应该排到最高的级别，用最亮眼的颜色标注，以便于提醒你那三件事很重要。

到一天快要结束的睡前时间，记得一定要清理掉这几项任务，没完成的就删了。当日事，当日毕。今天没做好就没做好，不要把今天的任务、压力带到明天，把明天一起毁了。

第四步，做反思

第三步一定程度上是在给第四步做铺垫。你对每天的三件事有记录，也有行动，现在就是反思的时候了，看看行动和你想要的结果之间有什么差距。很多时候，我们的目标会在实现的过程中被损耗：你早上想约一个女孩吃饭，到了晚上就莫名其妙地变成和她在微信上聊了几句。这些被损耗的目标，不经反思，很难发现。另外，反思下面介绍的方法本身也会让你从过去、从自己身上学到东西。

你可以选当晚或第二天早上抽出一点时间进行回顾和反思。一般情况下，反思分为以下几步。

（1）对于这件事，我想要的结果是什么？

（2）实际的结果是什么？

（3）造成差异的原因是什么？

（4）下次我可以在哪些方面改进，有什么具体的建议、指导？

这个反思模型简单好用，但要是你还是觉得烦琐，也可以尝试孙正义的方法：每天晚上直接问自己"我今天是输了，还是赢了？"逼着自己回答。输了，就找原因，分析遇到类似的事该如何改进；赢了，就找经验，哪些因素帮助你赢了，把它们写下来。

即便"清晨三件事"没有完成，如果你推进了另一些更重要的事情，也是一种成功，因为这些事的价值超过了你的"清晨三件事"。比如，你的三件事中有"去附近的游泳馆游一次泳"，但你去了水上乐园，玩得更久，游得更爽，当然也算赢了。孙正义的"输赢"判断看似绝对，实则更加灵活。

通过这四步，"清晨三件事"的方法你就学得很好了。"清晨三件事"属于自律的核心，即改变的方法，它能帮你知道要改变什么、找到有用的意见并促使你改变。但是，它也是一个习惯，需要用习惯养成法一步步培养。下面，借着"清晨三件事"，我们再看看培养习惯还需要注意些什么。

对于养成习惯的指导

第一个核心：一个相对简单的开始，起步时阻力要足够小

首先，你不应该把目标设置为"每天清晨三件事"，而应该是"每天清晨一件事"。记得吗，要换上最小的量词。我们很容易高估自己，开始培养一个习惯时很有热情，意志力也足够，所以哪怕目标很大也能应对，但当热情褪去、其他事情找上门时，形势就大不相同了。平时不忙，每天读30页书也可以，一忙起来，哪怕你觉得读了很久,一看页数,也才不到 10 页,自信心很容易受挫。

更恐怖的是没有激情。"三分钟热度"是在人性中雕刻好了的,别想去改变它,而应该想方法"安置"好它,让它不在你的生活中作恶。定一个非常小的目标,哪怕激情没有了,仅凭微弱的意志力也可以完成,"三分钟热度"就不会造成什么破坏。但如果目标大过你高估的意志力,这个习惯基本就被钉死在十字架上了。

所以,刚开始的目标一定要定得特别小,轻易就能完成,等行为基本固定了(至少两周)再考虑提高难度;提高的难度也要很小,这样才能保证意志力被合理利用。还记得那个楼梯的例子吗?我们是爬楼梯,不是攀岩。

在完成三件事上,你可以一开始先简化为完成一件事,再去掉其他能去掉的步骤(设想结果、思考行动、反思),只需要将一件事记在便签上。等开始每天有意识地思考时,再把步骤一步一步补全。千万别傻里傻气地一上来就要求自己执行"标准的步骤",这只会让你的习惯最终瓦解。

第二个核心:拆解习惯,分清楚你在培养几个习惯

我们经常把一件事想成好几件事,也经常把好几件事想成一件事。国家之间有纠纷,一会儿说是合作不好,一会儿又说是债券纠纷,说来说去,还不就是利益瓜葛的问题,那些纠纷只是利益的组成部分。但有时候情况会反过来,情侣分手,看起来是因为刚才吵了一架,实际上原因有很多,甚至上周的约会迟到也有责任,吵架只是一个导火索,不满不断积压才是火山爆发的根源。

习惯也一样,有人会想,一个看上去培养起来不难的习惯,怎么这么难坚持？那是因为你把好几个习惯当成了一个习惯。就拿"清晨三件事"为例，思考和写下来姑且算一个习惯，但预设结果、思考行动、每日反思加起来就是四个习惯，只不过所有的习惯都对第一个习惯有依赖。正是这四个习惯交织形成一个有机整体才保证了这套方法严谨有用。

这些习惯只有一个个养成，先确保思考和写下来，再考虑预设结果。你或许觉得这样做太麻烦、太慢，这时候试着用理智提醒自己：在慢慢养成的、受用时间很长的好习惯和半个月的激进行为中，选前者要划算得多。

其他习惯也一样，比如"按时回家吃饭"看起来是一个习惯，实际上算两个习惯：按时回家和在家里吃饭。这时，你先养成一个对后者作用更大的习惯，如果过了饭点儿你的肚子就咕咕叫，那就先养成按时回家的习惯，想办法早点下班，在路上吃点东西，之后再养成回家吃饭的习惯，坚持回家才吃东西。就这样，通过拆解习惯，使一个习惯对应一个行为，养成习惯便会更加容易和有效。

第三个核心：把新习惯连接进老习惯

继续刚才那个按时回家吃饭的例子，为什么先养成按时回家的习惯？因为这个习惯固定后，回家吃饭就顺理成章了。你不可能先在家吃饭，再下班回家。这两个习惯在时间上相连，按照先后顺序串起来，我们把这种情况叫作串联事件。

在养成习惯方面，你可以用这个技巧，把新习惯跟老习惯串联。我每天背单词的行为就串联在午饭行为之后，吃完午餐，拿出手机，打开软件开始背单词。只要这个动作行为反复在午餐后重复，就可以把这两个习惯行为接起来,这有点类似加缪效应①:处理两个行为的神经元连接到了一块。

除了串联,你还可以试试并联,两件事一起做。我把"清晨三件事"和早上洗漱合起来进行,一边刷牙一边思考三件事,把它们想透彻,刷完牙、洗完脸就记下来,加到清单里。这样,轻易就把新老习惯"并联"了起来。

并联的事不能选择太耗费注意力的,因为我们实际上没有并联的能力,我们只是把注意力在这两者之间来回切换,你能同时观看两部电影,视线又不时左时右吗?所以,最好拿下意识就能做且必须要做的事(洗漱、扫地等)与想培养的新习惯并联,当然,我也不建议你并联太多事。因为有时候,专注刷牙、扫地、洗碗,本身就是生活。

第四个核心:好习惯不是越多越好

每个人都听过二八法则:20%的人掌握世界80%的财富,或者20%的努力决定80%的成果。在培养习惯这方面也一样,大多数好习惯,比如按时下班、每天看一篇期刊等,有用,但我们不得不承认它们的作用不大。考虑到我们可以养成的习惯那么多,而真正孵化一个好习惯又要那么久,还不如拿精力来培养重要的、能改变你很多的好习惯。

每个人的价值观都不一样,看重的东西也各不相同。对我而言,

---

① 神经科学的一个理论,大致是指两个彼此对应不同行为的神经元不断同时激发或先后激发之后,当一个神经元被独立激发时,另一个神经元也会有被激发的倾向。

健康、见识、财务、爱和朋友是最重要的。为了在这些方面有更好的改变,我养成了运动、看书、记账、冥想、聚会等一系列习惯,这些习惯最多也只有七八个,却让我觉得自己比以前牛多了。

早在学《孙子兵法》时,我就在思考,好习惯真的是越多越好吗?换言之,就是"打胜仗多的将军真的是个好将军吗?"两者答案皆是否定的,我是通过理解后者理解了前者:你打了十次胜仗、二十次胜仗,却还要接着打,打了一百次胜仗也还继续打,这只能说明你打的都是些无关紧要的仗,对输赢影响不大的仗。想想曹操,凭泜水之战,以弱胜强打倒袁绍,一战称霸。而长坂坡之战、赤壁之战,每次输赢都关乎天下大势的发展,打几次便成三分天下之态势。而那个"百战百胜"的将军恐怕只是长安城的一个混混头。

习惯也一样,你养成了那么多好习惯,最后却变化不大,是因为你忽视了真正重要的习惯,把重要的意志力、注意力放在了无关紧要的东西上。先想清楚你想成为什么样的人,哪些事对你很重要,再合理规划培养习惯的事,而不是觉得某个习惯不错就培养,像一个在山间快乐地采烂松果的小松鼠。

你买了这本书,说明你了解自律的力量,重视时间给你带来的改变。那么,你至少得培养改变的思维习惯,"清晨三件事"就是一个好方法。另外,读书、运动和冥想是我推荐给你的三个我认为最重要的习惯(别小看冥想这个习惯,桥水基金创始人雷·达里欧①把它视为最重要的习惯,它可以帮助你大幅提高专注力、缓解焦虑),

---

① 美国桥水投资公司创始人、董事长兼首席投资官,著有《原则》和《债务危机》。

有了这三个习惯,你就在一定程度上有了开放的头脑、健康的身体及平和的情绪。

一些可能会遇到的问题

因为工作的缘故,我会接触到各阶层、各年龄段的人,在我提供给他们培养习惯的方法的时候,他们也会问到他们所遇到的各种问题。我把最常见的问题整理在下面,供你参考。

Q:培养一个习惯之后,多久可以再培养新习惯?

A:至少一个星期。要看你是不是轻易就想起或下意识去做你培养好的习惯,如果是,那就可以添加新习惯。但记住一个指标:培养的习惯中,最多有两个没法下意识去做的、需要提醒的习惯。

Q:两个月可以培养多少个习惯?

A:如果是新手的话,两个月的时间差不多养成一个习惯了,除此之外,应该还在孵化3、4个习惯,我们不妨说第三个月可以收获多少习惯吧——三个月左右,即便是高手也最多培养6个。

Q:什么都可以当习惯来培养吗?

A:当然不是,但对于长期会用到的行为、思维方法,都可以试一试。

Q:怎么判断一个习惯养没养成呢?

A:我不太建议依靠"感觉"判断,因为感觉时常不准。你可以思考一下养成的标志是什么。比如培养读书的习惯,你能每天有空就打开书看,或者一看看很久,就代表这个习惯差不多养成了。

不过，你也可以用我们之前的习惯养成时间作参考，按照"1、3、6个月"的时间规律来判断。

查理·芒格①有一句很长的名言，道出了改变的真谛："每天起床的时候，争取变得比从前更聪明一点儿。认真地、出色地完成你的任务。慢慢地，你会有所进步，但这种进步不一定会很快。但你这样能够为快速进步打好基础……每天慢慢向前挪一点儿。到最后——如果你足够长寿的话——大多数人得到了他们应得的东西。"

希望你能从"清晨三件事"开刀，试用一下这套培养习惯的方法。但事实上，只要你去试一试这个方法，就迈出了改变的步伐——这也是告别"低品质勤奋"的第一步。这一步，也许是健步行走，也许是蹒跚而行。

---

① 美国投资家，沃伦·巴菲特的黄金搭档，现任伯克希尔·哈撒韦公司的副主席。他和巴菲特联手创造了有史以来最优秀的投资纪录——伯克希尔公司股票账面价值实现年均 20.3% 的复合收益率，每股股票价格从 19 美元升至 300 000 美元以上。

第4章　改变策略2
彻底告别"拖延症"

掌握"清晨三件事"的方法，学会培养习惯，知道该改变什么，也知道该怎么改变，你建立自律系统就有了基础。接下来，就是改变策略了。不同的困境对应着不同的改变策略。好在我们遇到的几乎所有关于改变的困境，除了"低品质勤奋"外，无非就剩两个："不想做"和"不能做"。

不想做，通俗点说，就是"拖延症"。考研的复习很重要，但我就是瘫坐在沙发上，玩着一边骂一边又舍不得放手的游戏。我很喜欢那个女孩，但连和她在微信上聊天的勇气都没有，更别说约会、表白了。这些困境，都属于典型的不想做的困境：你理性上渴望改变，但人性的懒、怕等弱点就是拖着你不能往前。

我用"不想做"的说法代替了"拖延症"这个被用滥的词，理由很简单，拖延的原因太多了，恐惧、懒惰、完美主义……很多原因还混杂在一起。如果从这些原因入手，这个问题恐怕永远不会得到解决："哦，原来我是因为……而拖延"，明白了之后，又可以心安理得地拖下去。因为你已经给自己确诊了"拖延症"，把种种原因当作病因，不解决所有原因，似乎就治不了"拖延症"。而归纳成"不想做"后，原因就只有一个——"不想"。只要针对"不想做"

找到化解情绪的方法，这个困境便能解决。

除此之外，还有一种困境是"不能做"：完成文案的截止日期越来越近，你却只能干着急，明明有些零碎的想法，却整不出个方案，更别提执行。你想每天腾出一小时去玩，但工作和学习任务压得你喘不过气，心有余而力不足。这类事情属于"不能做"：心里的渴望已经大过了"拖下去"的情绪，但就是不知道该怎么办，或没有条件实施。时间似乎开了二倍速前进，我们却只能等待坏结果降临。

这一章，我们先讲前一种策略，解决"不想做"的问题，与一拖再拖诀别。

蛋糕切分法：一口一口吃掉整个蛋糕

蛋糕切分法是 GTD[①] 创始人戴维·艾伦大力推崇的方法，对打败拖延症很有用。所谓蛋糕切分法，就是把大任务想象成一个大蛋糕，一下子看到这么大一个蛋糕，谁都觉得吃不下，也不愿意吃，拖延就是这样产生的。但这时如果切一小块出来交给你，你就有可能动口。

就好比求婚时，你会说"嫁给我吧"，还是"我们先领证，再办婚礼，然后生个孩子，学着给孩子换尿布，接着把孩子送去各种培训班，然后忍受孩子青春期的叛逆。哦，对了，还要存钱买房子，给孩子准备钱，化妆品什么的少买点儿，还有……"

相信听完这番话，她一定会感动得痛哭流涕：我怎么会看上你

---

① 即 Getting Things Done，是一种行为管理的方法，GTD 的主要原则是让人把头脑中的各种任务记下来。该方法曾在全球风靡一时。

第 4 章　改变策略 2 ｜ 彻底告别"拖延症"

这个……

这两种说法中，前者相当于给女朋友切出一小块蛋糕，后者相当于把整个蛋糕给女朋友。做了前者，实现后者几乎是必然结果。但是，你觉得是前者听起来更舒服些，还是后者？我们懂得把这个技巧用在说话中，却从没用在改变上。比如，这周你需要完成一份客户调查报告，这是件大工程。你知道它很重要，但就是一拖再拖，该怎么办呢？

你只需要想：那我就先翻开客户名单吧。忘掉那份难搞的报告，只专注于做这一件小事。任务大，给我们的心理压力也大，所以才难以完成。而先随便找个相关的小事去做，就能有效地帮助我们开始行动。

看完名单，接着你就有可能对所排选出来的几个比较重要的人做进一步调研，完成之后，又接着做他们的"用户画像"，再接着……小行动一个接一个，累积成"大行动"，最后把问题解决。而这也是蛋糕切分法的另一个优点：具有连续性。吃掉一块蛋糕后，你会知道下一块儿该怎么切，下一口该怎么吃。在一项耗时长、体量大的任务中，它所包含的每个小任务都互相关联。不需要做计划，只需要一点一点切蛋糕，大任务就能逐步解决，这也是应对"不想做"的最好方法。

我的朋友林玲要准备考研。明明还有一大堆资料没看，她却躺在沙发上，一只手往嘴里递薯片，另一只手抱着手机刷个不停。其实，林玲和大多数人一样，觉得复习并没有那么痛苦，尤其是静下心之后，时间很快就过去了，但她就是没办法选择抱起那一大摞书。

学会蛋糕切分法后，林玲先把这一大堆要复习的资料给忘掉，选择了一节比较陌生的内容，这一小节最多 10 分钟就能搞定。这时，她惦记着的就不是"复习完所有资料"这么一头饕餮巨兽，而是一只小小的蚊子，轻松就能拍死。复习着复习着，她发现这一节里有几个知识点自己不了解，似乎跟另一小节的什么内容有关，可以待会儿看。完成第一份任务后，她之后该干什么也顺理成章了。

其实，归根结底，"不想做"是由于你的意志力敌不过人性的力量，人性会用情绪来拖住你，哪怕事情重要，你还是会一直拖下去。而蛋糕切分法能让你只看眼前的一个小任务、一块小蛋糕，情绪的力量就小了很多，意志力也有了获胜的可能。

预算控制法：每一点努力都看得见

预算控制法和蛋糕切分法作用相似，但对应的状态不同。蛋糕切分法针对那些对大型任务感到焦虑，没有仔细考虑该怎么做，一拖再拖的情况。而预算控制法则针对那些行动的每一步都已经明确了，却还是继续拖下去的情况。使用蛋糕切分法，怕就怕把每一步都想得太清楚了，而预算控制法刚好相反，怕就怕有哪一步想得不那么清楚。

所谓预算，就是估计；所谓控制，就是把握。预算控制法要求你根据完成这个任务的方案、步骤估算出完成整个任务需要耗费的时间。然后，不管做的是哪一步，都记录好大致时间，时不时拿总需耗时与当前耗时做对比。

这是纪元老师根据丰田的内部学习资料提炼出的方法。刚进入公司，他就收到了一份内部培训资料，上面写着"学习时间预计 30 小时"。这个提示对他至关重要，他根据总时间，安排出每天大致的学习时间。

我的朋友炘林在距离考试还有三个月的时候，就根据要复习的资料、听的课，算出了大致需要的时间：125 小时。他每天学多久就记录多久的时间，很快，他发现自己的进度过慢，于是增加了每天的学习时间。就这样，三个月后，他复习了 115 小时，和算出来的时间差距不大，考试也顺利过关。

"如果不是用了这个方法，我根本不知道要付出这么多努力才行"，他说。

但这个方法也有一定的局限性，如果没有截止日期，望着 10 小时 20 小时甚至上百小时的总需时长，任何人都会感到头大。只有明确截止日期，才能在时间的流逝中给你向上的压力，或者说是动力。截止日期不断接近，你的紧迫感也在不断增强，动力也就更大。你可以用这种方法来复习考试、准备演讲、策划文案等。但是，如果没有明确的截止日期，还是"吃蛋糕"吧。

另外，用这个方法的时候，你可以耍一个小小的心机：如果你要做一件事的总需时长是 10 小时，这时你就可以把总需时长提高到 20 个小时，再直接记录下 10 小时的"已完成时间"。这样，虽然需要的总时间并没有改变，但你会感觉离目标近了很多。以前是 0/10，现在是 10/20，这种比例上的错觉会使人觉得目标很容易实现，尽管实际上什么都没有变。但是，修改的比例最大也不能超过 1/2，不然你就会因为目标"过于接近",反而丧失行动的动力。

但如果目标不是"过于接近",而是"过于遥远",感觉不论再怎么努力也达不到,那就可能是你的目标太高,或者起步太晚。比如,离上交文案的日期只有一个星期,而算出的所需时间高达 30 小时,如果你还有其他工作要忙,实现这个目标难度就太大了。这时候,最好的办法是降低目标。最开始你对文案的质量要求是 A-,这时可以改成 B+,或者更低。一定要改得有八成把握达成目标。人生的任务那么多,完成总比完美更重要。

惯性:源于行为,终于行动

蛋糕切分法、预算控制法可以提高我们开始行动的概率,但偏向宏观,涉及具体的场景,应对策略也要有所变化。不过,就算场景不同,我们的核心诉求却是一致的:怎么快速行动起来?如果我正在酣畅淋漓地打游戏,你凭什么叫我狠心抛下它,坐在那张令人讨厌的书桌前?

即便你用蛋糕切分法告诉自己只学习 3 分钟,也仍旧很难放下手机去行动。因为人做事时以及由此产生的情绪都具有惯性,表现为"停不下来"甚至"上瘾"。相信你也深有体会:气头上的两个人很少"渐渐和解",只会"越吵越气",他们因为发生口角而互骂,互骂有惯性,滋生的愤怒也有惯性,受惯性影响,他们只会产生更多的愤怒并发泄出去,而非停下来或变得冷静。除非有旁人劝导,否则还可能上升为动手。

但是，反过来想，惯性也有它的好处，它是"蛋糕切分法"有效的原因之一。你只要开始行动，去吃那一小块蛋糕，很多时候就会吃得停不下来，执行任务的进程就会得到推进。只要开始朝正确的方向行动，惯性就成了动力，推着你继续远征。

想发挥惯性的作用，就必须立刻开始去做你想做的事。但这时也会产生困境，你一定遇见过这样的情况：明明已经不想再玩手机了，但手就像被黏在了手机上一样，怎么也移不开，会继续翻、继续刷。即便你再怎么威逼利诱自己，身体也毫不听使唤。

这时，别想着改变心态了，改变行动吧！因为，即便你有了对付这点的心态，也抑制不了受惯性影响的情绪、行为，而行动只要够小、够快，就能马上中断。这就是"极小动作法"：当你做一件事停不下来，或者想做一件事却迟迟不行动时，先通过做一个极小的动作，立刻打断现在的行为，几秒钟之后再重新选择要做的事。

举个例子，我的朋友吴壹虽然不怎么玩游戏，但一玩就停不下来，跟中了邪一样。他很痛苦，觉得每次玩游戏都要浪费大量时间，但很久不玩又会心痒痒。我告诉他，下回，当你有"别玩了"的想法时——哪怕这种想法再微弱，也要立刻按下手机锁屏键，或者把手机翻面，总之，让自己看不到游戏。坚持至少5秒，再选择要不要继续游戏。

他用了这种方法之后回来告诉我，效果奇好。每当他快速停下后，十有八九都会选择做别的事，"停不下来"的情况再也没出现过。

其实，我们所谓的"停不下来""上瘾"，大都不是因为手头的事有多么好，只是受惯性影响而已。而快速停下几乎不需要思考，不会受情绪影响，又能立刻让你停下你正在做的事情，换言之，就是巧妙地中断了惯性行为。你只需要在"停不下来"的时候，找到一个极小的动作，用它来打断你当下做的事，接着静默几秒钟，或深呼吸几次，等情绪基本平和时，再做选择。这样，战胜情绪就会容易得多。

以前，我追剧追得入迷时，甚至连上厕所都憋着不去。现在，我一有"不看了"或"等一会儿再看"的想法就马上把头低下去，不看屏幕，维持几秒钟，再有意识地选择做要做的事。选择的结果，当然是停一会儿，至少先上个厕所。大多数时候，上完厕所回来，我会把追剧的 ipad 关上。

使用这个方法时要注意：适用于每个人、每件事的"极小动作"都不相同，你需要根据情况自己去寻找。但如果找不到，也可以使用一个近乎万能的"极小动作"——闭眼。当你玩游戏停不下来的时候，当你追剧追得昏天黑地的时候，当你刷文章刷得不能自拔的时候，一旦意识到不该再继续了，就马上闭眼，强迫自己闭眼 5 秒，你的心也会随着眼睛一起静默 5 秒。睁眼前，想好接下来要做什么。

托马斯·墨菲[①]说过："如果你觉得骂人是很好的主意，你可以留到明天再骂"，但这对我们而言太难了。我们只需要在想骂人时佯装系个鞋带，趁机深呼吸几下，一般情况下就不会骂了，如果还是会骂，那么就当我没说。[②]

---

① 曾任通用汽车 CEO，在任期间，通用汽车的全球销量雄居世界首位。
② 毕竟，都这样了你还忍不住，那就说明对方该骂，冲突也没法避免。

第三人称视角：选择的方法

你有没有注意到，刚刚说"用极小动作法停一会儿，再重新做选择"之类的句子时，有一个词始终没变：选择。不是"思考"该做什么，而是"选择"去做什么。

因为，即便用了极小动作法，你也依旧可能会有残留的情绪。如果你之前做的事是打游戏、刷视频这类惯性大且容易做的事，就算停下，惯性依旧在发挥作用，你依旧可能继续玩。所以，我们不能简单思考"接下来该干什么"，而要有意识地选择。这个选择，必须要尽可能客观，减少情绪干扰。

综上，使用"第三人称视角"是你做选择的不二选择。首先，你需要想象自己在玩一个养成类游戏，你是自己操纵的角色。这时，你的大脑里弹出了一个操作界面（或者出现了一个声音）："在选择继续做事情 1 和改做事情 2 之间，你的选择是：A. 继续做事情 1；B. 改做事情 2。或干脆把自己想象成一个你敬佩的人，帮你在两个选项中决定。它能让你暂时跳出自我，从一个更客观的角度引导自己。没准你就真的选 B 了。

正如我的朋友若桃，有一次，她打游戏正起劲时，发现还有太多资料没有复习。关掉游戏去学习固然没错，但她就是无法停下。不用我说你也知道，她马上用了"极小动作法"：把手机背面朝上摁在沙发上，深呼吸了两三次，接着开始做选择。她问自己："在继续玩游戏和学习 3 分钟之间（她巧妙地把蛋糕切分法也用了进来），我的选择是：A. 继续打游戏，不管那么多；B. 放下游戏，为了未来的货币量学习 3 分钟。你猜猜,她会选哪个?

其实,不论她选哪个,在她用一个更客观的角度看待自己时,改变、行动的可能性就已经得到了大幅提高,这绝对是一个不小的进步。

运用这个方法,记得要呈现出选项:A、B、C,营造出一种郑重其事做决策的感觉。但更重要的还是想象你是一个客观的角色。不论是利用养成类游戏还是一个你信任的人,这些主角都不是你,而是一个客观的个体。让那个客观的个体帮你选择,选完后赶快执行。哪怕最后还是跟情绪走也不要紧,因为我们赢的次数将会多得多。不求百战百胜,但求瑕不掩瑜。

"第三人称视角"方法常常跟在"极小动作法"之后,但它可不是"极小动作法"的陪衬。作为对抗情绪的武器,它可以用于我们生活中的各个方面,甚至比"极小动作法"的用途还要广泛。"不想做"的根源在于意志力不敌人性与情绪,而"第三人称视角"能够提高我们的意志力,因为它的核心因素是客观,客观代表理性,理性正是意志力的来源之一。

比如,你一觉醒来,按照平时的做法,会先玩会儿手机,再慢吞吞洗漱、吃早饭。但学了"第三人称视角"之后,一起床你就可以问自己:我是 A. 玩手机,还是 B. 去洗漱(可以边洗漱边听音乐)。以前,你 100% 都会选择前者,而现在,借助第三人称视角的"理性精神",你多选一次后者,就多赚到一次。

"第三人称视角"和之前学的"蛋糕切分法""预算控制法""极小动作法",都是对抗"不想做"的方法。只有在生活中不断运用它们，它们才能释放出惊人的力量。等你练熟后，还可以试着根据情况任意组合它们，做到融会贯通，就像若桃一样。这种做法既不可意会，也不可言传，只能靠不断的练习习得，而这个练习本身就对我们好处多多。

第5章 改变策略3
解决你解决不了的问题

小张喜欢上一个女孩,他们在星巴克相遇。她左脸下方有一颗棕痣,皮肤白皙,眼睛不大,留着纯黑的短发,嘴唇就像是粉嫩的水蜜桃。那天,她穿着紫色的T恤和一条工装长裤。小张的心怦怦直跳,他知道机会不等人,马上对自己用了第三人称视角法。

"在 A.找她要个微信 和 B.放弃这个可能再也不会有的机会之间,我选择……"

之后,他们加了微信。加微信时,小张还时不时瞟她一眼。之后的两天他们寒暄了几句,但也就几句。

小张喜欢她,单身多年的因素影响了他的荷尔蒙,他开始没理由地认为她也喜欢自己,追求她的欲望比当年高考的动力还强。但一打开微信,他就害怕,怕女孩只是随意交往而非认真谈恋爱。另外,之后可能发生的约会、路灯下牵手既让他憧憬,又让他焦虑:我从来没有认真和一个女孩相处过,这些事可怎么做?

焦虑归焦虑,但时间依旧一刻不停地流逝,他们的微信越来越安静,小张只能干着急。他有时甚至早上一起来就抱着蚕丝里料的被子,想象在他怀中的是那个女孩。即便在过马路时,他的脑海中也会掠过她的身影。

小张行动、改变的动力远超过捏着肚子上的肉想减肥的人,他只是不知道该怎么办。他问了小李的意见——那家伙约会次数比小张见过的女孩还多,也零零碎碎看了一些文章和视频。思路有了一些,但焦虑感始终在他脑中挥之不去,或者说他还没有底气,聊天的时候经常忘了原本打算说的话,向好的趋势也远敌不过时间带来的负面影响。

这时候,他就需要一个科学的方案,一个让他心里大石头落地的、可执行的方案,这也是我们对抗"不能做"困境的、全新的改变策略。

SWOT分析法:找到突破口

小张没底气,很大程度上是由于不知道自己该怎么努力、该朝哪个方向努力。他不知道该在哪里花时间、精力和钱,他像一头迷路的斑马,在绿黄交错的草原上狂奔,不知道该到哪儿,也不知道会到哪儿。

这是因为他没有一个像样的计划,不知道该怎么一步步走向目标,只能用"计划赶不上变化"来安慰自己。但其实,只要问题不算太复杂,时间跨度不大,计划通常还是赶得上变化的。只不过基于"不能做"这种情况的特殊性——要么由于没头绪,要么是由于没资源,因此不能简单地做计划,而是需要进行更周密、更具创造性的SWOT分析。

"SWOT分析法"经常被用来策划企业发展方案,解决企业难题,是管理学中一个常用的规划工具，如图 5-1 所示。其中，S 代表优势 (Strength)，W 代表劣势 (Weakness)，O 代表机会 (Opportunity)，T 代表威胁 (Threat)。用一张白纸，对折两次，打开它，就会有四个象限。将 SWOT 分别填入每个象限，尽量客观地列举出每个象限内的东西。

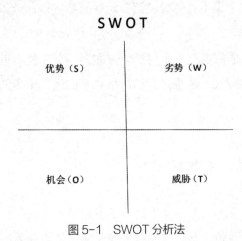

图 5-1　SWOT 分析法

不过，在做 SWOT 分析之前，你得先知道你想要的结果，以结果作为分析的导向。小张想要的结果是"追到那个女孩"，根据结果，小张的 SWOT 分析可能是这样的。

优势：①长得挺帅；②有车，收入高于平均水平；③女孩对自己有好感（这就不怎么客观）；④喜欢学习，有上进心。

劣势：①重度直男，说话不好听；②性格太直率，容易情绪化；③没有追女孩的经验。

机会：①她说自己周末都窝在家里，有人和她出去玩也可以；②微信聊天。

第 5 章 改变策略 3 | 解决你解决不了的问题

威胁：①时间流逝使情感变淡；②她朋友圈里有个挺帅的男孩经常出现，她偶尔也会提到他（谈论的时候满面桃花）。

总结起来，小张的 SWOT 图如图 5-2 所示。

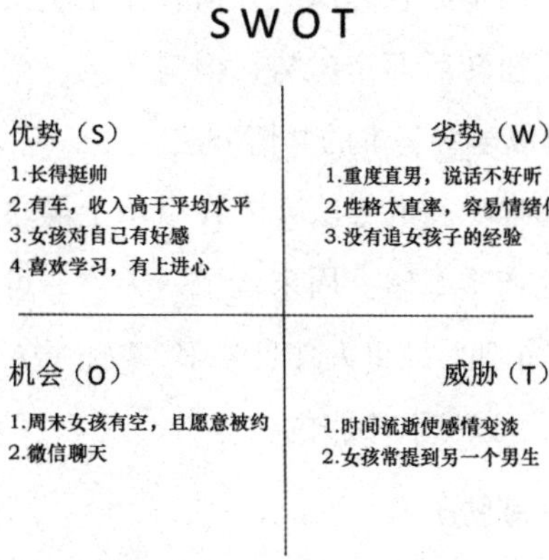

SWOT

优势（S）
1. 长得挺帅
2. 有车，收入高于平均水平
3. 女孩对自己有好感
4. 喜欢学习，有上进心

劣势（W）
1. 重度直男，说话不好听
2. 性格太直率，容易情绪化
3. 没有追女孩子的经验

机会（O）
1. 周末女孩有空，且愿意被约
2. 微信聊天

威胁（T）
1. 时间流逝使感情变淡
2. 女孩常提到另一个男生

图 5-2　小张的 SWOT 图

然后，把 S、W、O、T 两两组合，就会有四种可能，根据这四种可能一步步得到方案。

1. SO（优势 + 机会）

如果优势与机会相配，那会是最好的情况。比如优势中有"有车，收入较高"，又有"长得挺帅"（这点貌似也不那么客观），那为什么不把握好第一个机会，周末约女生出来玩呢？小张可以开车带女孩在中心城区到处跑，可以玩密室逃脱、水上乐园……什么都行，而且，这时两人都在玩，嘴笨一点也没关系，算是抑制住了第一个劣势。最后，晚餐选一家氛围很好的餐厅，吃完主动买单，给女孩一个"他愿意为我花钱"的好印象。

2. WO（劣势+机会）

如果这两个相配，那就需要扭转劣势或放弃机会。比如，在吃晚餐和微信聊天时，三个劣势可能全都展现出来。如果选择扭转劣势，小张应该学一下情绪管理课，并请教小李餐桌上该说些什么，这可以一定程度上扭转后两个劣势，但对于第一个，短时间内就没法改进了，不过可以学些基本的共情方法。

或者放弃一起吃晚餐的想法，先在微信上简单聊聊，让她知道自己挺靠谱且对他产生好感。周末玩了一天后，可以带女孩在嘈杂的老字号店里吃点东西，那里人多且吵闹，彼此说的话不容易听清，两人只顾吃美食，可以抑制小张的劣势。

3. ST（优势+威胁）

如果优势遇到威胁，那就要想办法用优势克服威胁。小张每天都要花很多时间学习，加上工作比较忙，和女孩聊天的机会就少了。小张可以把学习内容一部分换成怎么和女孩聊天，这样小张就可以用爱学习的优势，抵抗时间流逝这个威胁。

另外，小张收入不错、长相尚佳，可以借此抵抗另一个威胁（她的帅男性友人），虽然这貌似不怎么靠谱，但也是一种思路。

4. WT（劣势+威胁）

这种情况基本只能靠运气来解决，小张的"准情敌"似乎在女孩心里地位不低，而自己方方面面的直男倾向过于严重，这时就只能天马行空地想象可能的策略：如果因嘴笨惹女孩不开心，可以趁此机会请女孩吃饭，借着道歉展现自己的真心。如果女孩真的喜欢他，她或许还会觉得小张有点可爱。不过，我们自己思考时，可以直接去掉 WT 这种情况，因为可操作性太低了。

之后，就需要逐个筛选，选出四种策略中最优的，并开始头脑风暴，理出一个行动计划。小张的行动计划是这样的。

（1）调整每天的学习内容，每天都学些说话原则。

（2）空下来请小李吃个饭，问他一些相关技巧。

（3）大概每隔两天和女孩在微信上聊一次天，从聊自己的生活开始，逐步升级聊天话题。若没谈崩，约两个星期后请女孩周末出来玩，在什么地方吃饭视自己的表现而定。

（4）若谈崩，就诚恳道歉，请女孩吃一顿贵的饭菜，让她知道自己很重视与她的关系。

……

这样，行动方案就出来了。有人会觉得，在追女孩这件事上用这套方法，破坏了真诚，然而这只是个例子。这个例子帮助我们理解"SWOT 分析法"该如何运用到我们的生活中，至于其他的，不关乎是否使用这个工具，而关乎使用这个工具的人。枪在好人手里可以救人，在坏人手里出什么事都有可能。

这套方法可以帮你认清现状，你的优势（包括资源、经济条件、学识等）、你的劣势、你面临的机会和威胁。只有把这些因素都考虑到，制订的方案才科学，且执行起来压力较低：你知道自己认真分析过，不用在脑子里反复论证，只管去做就行了。

另外，我们在"清晨三件事"中已经了解过"目标损耗"。很多时候，我们以为自己做得不错，实际上却和最初的目标差了不少。

所以，我们也要确立"验收机制"，设置一两个想得到的关键结果做参考。以小张为例，其理想结果就是"女孩承认他是她的男朋友"。验收机制不是为了督察完成任务的情况，而是让你认清自己的能力。如果你制订的计划有很多无法实现或与结果相差太大，你就要重新评估自己的能力了。

一个更简单的方法："下一步法"

如果情况有变，出现新的机会/威胁，再分析一遍太费时耗力，你该怎么做？有一个更简单的方法："下一步法"。事实上，你可能根本就不用大费周章地进行 SWOT 分析，用好"下一步法"，就可以解决大多数你需要解决的问题。

这个方法的雏形是古典老师的 EAT 法[①]，笔者只修改了很小一部分内容，删去了与我们面临的问题关系不大的步骤。

步骤一：问自己，我到底想要什么？

比起"SWOT 分析法"单纯设想结果，追求目的，这个问句可能更发人深省，有种"直达灵魂深处"的感觉。对小张而言，他到底只是想体会晚来的初恋滋味，还是想将来认认真真和女孩生活？他是想只和女孩交往一段时间，还是和她一起牵手到白头？你是船长，如果你都不知道该去哪里，那船最后又会漂向哪里？

---

① 一种对抗情绪、化解难题的方法。

步骤二：问自己"下一步，我能为这件事做些什么？"

这个问题一个字都不能少。"下一步"是面向未来，不拘泥于现状；"我"是主语，是思考者和行动者，不要考虑别人；限定于"这件事"是为了防止你想着想着走神，而"做些什么"是提醒自己：只有行动才能改变。

如果你不知道该做些什么，你甚至可以问："下一步，我能为知道该做些什么做些什么？"在一次咨询中，古典老师就问了来访者15次这句话，别的什么都没做，最后，来访者的困惑得到解决，高高兴兴回家了。

小张问自己这句话："下一步，我能为该怎么追到这个女孩做些什么呢？"

答案是：知道该怎么追到这个女孩。

"下一步，我能为知道该怎么追到这个女孩做些什么呢？"

"找一两本靠谱的、和追女孩有关的书"。

"下一步，我能为找到这一两本靠谱的书做些什么呢？"

……

慢慢地，"怎么做"的方案就会浮出水面。

其中，最重要的是想"下一步"。这个词代表着你暂时忘记你的处境，去寻找能抓住的机会和可能。人们讨厌被别人贴标签，自己却常常给自己贴上"我有拖延症""我的原生家庭不好"，甚至"我的内心是一片荒漠"等种种标签。这除了让你心安理得地安于现状、焦虑和不去行动外，没有半点好处。"下一步"在提醒你，不管你现在怎么样，总得做些什么，总能做些什么。

你既可以一边行动一边问（最好这样做），也可以不断追问，最终得到你想要的方案。这样做比"SWOT分析法"简单，但很多时候比"SWOT分析法"还有效，因为它的灵活性更大。哪怕对临时任务毫无头绪，也可以用这个方法。虽然它简单到本书无法扩展它，但效果真的很好，值得我们重视。

"下一步法"和"蛋糕切分法"的原理其实是一样的，只是目的有所不同。"蛋糕切分法"是为了让我们有动力去做事，而"下一步法"是为了一步步摸索出方案。你只需不断追问自己，答案就会出来，只需一步一步向前走，就有可能穿越丛林。

没人一开始就能看清事情的全貌，一步步来，才是上策。

第6章　改变进阶
你看得见地球的黑夜，但能否瞥见改变的星空？

你肯定见过或有过这样的困境：孩子抱着手机打游戏，不论家长唱红脸（打、骂），还是唱白脸（哄、讲道理、制定"家庭公约"），都不管用。又或者经常失眠，用了很多方法，如正念冥想、478呼吸法①，还是无法睡着。我们想要改变，用了相应的策略，但不论使用什么策略，情况就是没有好转。可能是我们的方法没找对吧，但是，更可能是我们连方向都搞错了。

因为改变的策略可能失效，却很少个个失效。这些失效的情况可能暗示着你需要另一种改变——第二序改变。我们之前所做的改变，不论是培养习惯、做"清晨三件事"，还是应对"不想做"和"不能做"，都是在修正你的行为，让它向好的一面发展。这种对症下药调整行为的改变叫作第一序改变。而第二序改变，是让事物本身发生变化，是让这件事、这个人变得不同，是一种全新的思维方法。二者的关系就好像是改变的白天与黑夜。

找方法、定策略属于第一序改变，是改变中的白天。正所谓"白天不懂夜的黑"，我们习惯于进行第一序改变，却忽视了代表黑夜的

---

① 一种传说中的快速睡眠法，大致做法是用鼻子吸气4秒后，憋气7秒，接着用嘴呼气8秒。

第二序改变，忽视了这片星空。而很多时候，我们需要的正是第二序改变。

自然解决

你一定被夸过"这孩子懂事了"吧，你学会了控制脾气、体谅父母，独自一人承受伤痛。这个转变，是你完全在不经意间形成的，是你没有特意去做的。让你懂事的，是时间。长得越大，经历越多，你就越能看清世界的残酷和人们生活的不易，懂事只是随之而来的产物。

在这个过程中，你已经发生了第二序改变：你的思想更成熟了。"你"这个个体发生了改变，而不仅是学会了几个说话、做事的技巧。有生命的物体都会在时间的流逝中自然地发生第二序改变。小草被剪，如果没有彻底死亡，就会再次长出。一个人陷入伤痛，随着时间的洗礼，渐渐地也会看见生命中的一两道光彩。

但如果没有致命伤害，小草没有重新长出来，伤痛也没有好转，那就只有一种可能：有什么东西阻止了第二序改变的发生。对小草而言，可能是不停被人踩来踩去，阻止了它的恢复；对人而言，可能是一两个疯狂的噩梦让刚缓和的情绪又紧绷起来。第二序改变的逻辑非常简单：如果事情没有毁灭，那就会自然而然地变好；倘若没有变好，一定是有什么东西阻止了变好。

一般情况下出现了问题，我们都会想"为什么"，为什么会有这样的结果？我们关注的，是导致结果的原因。而在有生命的物体上，我们应该想的是"是什么",是什么使这个问题持续存在?我们不仅应在乎让问题产生的原因,更应在乎让问题持续存在的因素。

机器坏了,我们要知道是哪些零部件出了问题,才能修好机器;但人生病了,我们要知道是什么原因让病症持续存在——糟糕的生活习惯,免疫力降低,细菌、病毒过多,突变细胞繁殖太快等,才能准确地进行外部干预。找到机器故障的原因可以修好机器,但找到人生病的原因却不能治好病人,只有知道是什么使这个病症存在,才有可能。

第二序改变的作用原理比较烧脑,我们看一下知名心理学家李松蔚老师的一个咨询案例。

他朋友的孩子写作业总磨蹭,父母只好"巡逻"监视孩子,但越监视,孩子就越磨蹭。你可能想到了:他们在试图用第一序改变的办法解决第二序改变才能解决的问题。父母的督促也许反而是阻止这个孩子变好的因素。因此,李松蔚老师给了他们一个法子:你和你老婆每天晚上看电视,让孩子一个人在卧室写作业。如果孩子在九点之前写完,可以让他出来一起看。他老婆说什么也不同意,但他却认为事已至此,不如死马当活马医,试试看。

说服老婆就花了这位朋友不少时间。尝试的当天,孩子睡得更晚、效率更低,第二天也是如此,接着第三天、第四天,情况依旧没什么变化。他老婆觉得这个方案很愚蠢,不同意再继续下去。但是,就在她想要放弃的当天,孩子八点半就走了出来,冷冷地说:"你们是想先签字,还是看完电视再签?"

第一序改变用了几年都没解决的问题,第二序改变用了不到一周时间就成功了。

不过，千万别以为这个改变来得容易。朋友最后跟李松蔚老师坦白："这样做我确实感到愧疚和不安，觉得自己是不负责任的家长，所以，有时候还是会偷偷瞟一眼孩子。"不知道你发现没有，这一次次的自我挣扎，也使父母发生了第二序改变，父母也变了。他们不再是"陪孩子写作业的父母"，而开始成为相信孩子、鼓励孩子独立的父母。在尝试进行第二序改变的时候，我们也会改变。

关乎人的问题，很多都会自然地解决，我们只需为改变扫清障碍。如果说第二序改变真的有什么原料的话，那就是时间，这也是我把第二序改变写进这本书的原因之一：用第二序改变的方法解决问题，就是让生命在时间中自我完善。

更远的延伸

不只是人与生命，任何和人、生命有关的困境，都可以试着使用第二序改变来突破。

比如"情侣吵架"这个常见的困境，第一序改变的思路是：找到吵架的原因，然后避免。但是，就算你因此避免了一些争吵，过后还会冒出许多新的"导火索"：上次是乱丢袜子，这次是忘关冰箱门，下次又是一个你想不到的原因。而第二序改变的思路就不一样了，你会想："是什么使我们爱吵架的困境持续存在？"这时，答案也许会完全不同：回家太晚，微信回得太慢，很久没有性生活，经常自视过高……每个因素都没有直接导致吵架，但每个因素都会让双方的火气持续居高不下，这时，半点火星都会引起一场大爆炸。

发现这些因素，你会明白，要改变这个处境，需要改变的是自己，是"你"这个人，而不是你的行为。你只有更爱对方、更体贴、更能够换位思考、更加谦逊，才能打破阻止处境变好的枷锁。你会发现，解决问题的办法都是"我要变得更加……"这是与生命相关的改变中最简单的逻辑：改变生命本身，而非表现。困境存在的因素是生命体带来的，只有生命体发生改变，困境才会解除。

不过，即便困境与生命体本身无关，第二序改变也可能发挥作用。因为世界是复杂的，每个人、每件事的发展都可能受诸多因素影响，一只蝴蝶扇动翅膀，就可能引起远方的一场飓风。如果有一些因素推着事物往好的方面发展，我们的做法、工具却阻止了这些因素发挥作用，也会产生困境。这时，第二序改变的思路依然有效：是什么使这个困境持续存在？

我的朋友李梁有一家广告公司，开张三年后，公司表面上看起来发展得顺风顺水，实则让他焦头烂额。好的方面是，订单更多了，赚的钱也更足了；但坏的方面是，订单经常不能按时完成，老客户不断流失。这个困境，看起来很像"不能做"的困境，心有余而力不足。所以，他根据"SWOT分析法"，决定多雇一些人，但支出也大了很多，导致自己几乎挣不到什么钱。最后，他只好又把新招的人辞退了，之前的困境再次出现。

这个困境，究其原因应该是"时代与发展的矛盾"，但知道这些没有用，他真正的问题是"员工效率不够高"，用第二序改变的思路，他想："是什么使员工们低效的状态持续存在呢？"

他想来想去，觉得因素有两个：①工作采用传统的小时制，而非任务量制，如果将完成的任务量与工资挂钩，员工想必会热情高涨。②电脑太旧，总是死机，拖慢了速度。他于是着手制订新的方案：一开始，他分期贷款采购了一批新电脑，仅选电脑就用了他20多天。同时，他改变了工作制度，每天只有完成相应的任务才能拿到当天的工资。

没想到，电脑还在路上时，公司就已经民怨沸腾："老板是想折磨死人啊，谁干得完啊。""就是，干脆辞职算了。""不知道多雇点人，就知道'剥削'我们，要不咱们……"他也慌了，只好说："这个制度我们只试用一个月，不行咱再改回来。"

过了两天，电脑到了，那些闹辞职的人总算消停了下来。当天和之后的一天里，大家没有完成任务——熟悉新电脑的缘故。朋友认为情有可原，也照样发工资，让员工按时回家。可到了第三天，结果完全出乎他的意料。所有人，包括那个笨手笨脚、成天想着泡妞的卷发小伙都早早地完成了任务，提前了至少一个小时。之后几天都如此，很快，滞留的任务解决了，公司也能够按时交付订单了。李梁的第二序改变很成功。

不过，在满一个月时，大家还是投票取消了"任务量制"。他们说，这样搞紧迫感太强，压力太大。但是，每天下班时，当天的任务他们照样能完成，一拖再拖、焦头烂额的情景自那个月后再没出现。

"而这一切，"他说，"竟然是因为一台小小的电脑。"

"不是一台，是很多"，我说，"当你需要一台机器却没有购买它时，就已经在为它付钱了。"

他恍然大悟的样子让我发笑,他可能认为我早就洞悉了问题的本质,但我只是事后诸葛亮,背了几句《穷查理宝典》中的句子。

颠倒黑白

除了"自然解决"外,第二序改变还有一个特点:不按套路进行。

李梁的困境,按"SWOT 分析法",并不会有"换新电脑"的思路,只有采用第二序改变的方法时,这个思路才可能浮出水面。这也体现了第二序改变的另一个特点:没有规矩、不按套路,世界本身也是如此。所以,当你第一序改变的策略失效时,除了可以问"是什么使这个困境持续存在?",还可以找到之前的计划,直接把计划反过来,"颠倒黑白"去做事。

这样做很疯狂,但在第一序改变通通失败的情况下也可能会奏效。一方面,如果你知道你会死在哪里,你就不会去这个地方。同理,我们的方案、策略会让我们避免进入不少"会死掉"的雷区。可另一方面,一些事情我们很难判断对错,尤其是与人、财产以及生命相关时,我们不知道哪里才是我们会"死"的地方,不知道哪些是对的,哪些是错的。所以,有时候方案会失效,因为我们错把正确的行为当作脚下的地雷给铲掉了。

第二序改变需要探险精神,它是你"颠倒黑白"的源动力。夏洛克·福尔摩斯[①]说过:"当你排除了所有其他的可能性后,剩下的那一种,不论多么难以置信,那就是真相。"当我们面对一个困境,

---

① 19 世纪末的英国侦探小说家柯南·道尔所塑造的一位才华横溢的侦探。

这也不对，那也不对，或许这时就该试试直接把策略反过来，反计划行动。

我必须强调，这个方法不可随便用。大多数改变都属于第一序改变，用好我们归纳的那几个方法就够了。即便是使用第二序改变，也只需用它寻找出使困境持续存在的因素，从因素入手。只有山穷水尽、再无希望时，才可以尝试这个方法 —— 颠倒黑白，反计划行动。

有一次，一个女孩找李松蔚老师做咨询。她说自己最近总是失眠，而李松蔚老师给的策略是"别睡了"。反正也睡不着，干脆起来读书、工作、看剧、打扫卫生，想做什么做什么。

"怎么能这样！李老师，这根本没有解决问题啊。"

"你觉得怎样才是解决问题？"

"找到快速入睡的方法啊，你这个方案完全是反着来。"

"那就对了，看到你这个反应，我就知道这个方向很有希望。"

女孩将信将疑，但还是乖乖地执行了。她当晚就没睡，熬夜时担心自己明天犯困，工作任务完不成，就着手做第二天的工作。很快，她就干起了劲，最后只睡了两个小时。第二天，因为任务少了，加上提前完成任务的成就感，她效率反而更高，还想再熬一次夜，但这天晚上，她睡着了。

后来，她每周都想熬夜，却最多只能熬两三天，其余时间呼呼大睡。熬夜的问题虽然没有彻底解决，但已经有了很好的改变，她也不再把熬夜当作负担。换言之，她发生了第二序改变。

如果没有时间尝试其他方案，这里有四个判断标准判别是否该使用颠倒黑白的方法,它们也是李松蔚老师当时认为女孩有希望的原因:如果你把方案颠倒以后,符合以下三条及以上,那就可以考虑选择此方法。

(1)它改变了第一序改变的方案。

(2)它的思路看起来不可思议、超乎常理。

(3)它看重使问题持续存在的因素,而非产生的原因。

(4)它把问题放置在了新的框架内,打破了原来的看法(这和第二条差不多)。

高中时,我也遇到过类似的困境。那时我学习压力大,中午怎么也睡不着,一到下午就昏昏沉沉。刚开始,我做了很多第一序改变:上床之前做冥想、清空大脑里的杂念再上床、买了个眼罩、换更舒服的睡衣……压力小了很多,也舒服了很多,但还是没法入睡。最后,我破罐子破摔,干脆带了本书到床上,反正也睡不着,就看会儿书好了。没想到,看着看着就困了,虽然那天中午也没睡着,却是我几周以来最接近入睡的一次。之后,我天天午睡时间看书,不到一个星期,还没把书拿起我就困得不行,自然也就睡着了。从那以后,我的睡眠又找回来了。

现在看来,我的做法和女孩的方案几乎一样,既改变了原来的计划、让人感到不可思议,又打破了原先的想法,还没有把注意力放在"问题产生的原因"上。每个条件都满足,奏效也不足为奇了。

I 段的最后

1 段内容到此结束，相信你或多或少有一点收获。这不是一本适合随随便便读的闲书，我希望它能带给你好的改变。

我想，认识到自律是一种技能而非知识，它的核心是改变，概念上的理解就已经足够了。另外，试着在这本书里抽丝剥茧，提炼每个方法蕴含的规律，这能帮你更加灵活地运用书中的知识，把书本和生活联系起来。我一直认为读书是两个人与一个客体的互动：你、我和我们的世界。

如果你还没有着手培养"清晨三件事"的习惯，最好尽快开始。不止是因为"清晨三件事"这个小习惯很有效，更是因为它是你从知道怎么培养一个习惯到真正开始行动的改变。其他方法也是如此，只有练，才能会；只有会，改变才能发生。

行百里者半九十，我们才刚起步，但也望得见彼岸。

II

你从未听说过的"时间管理"

第7章 日管理
你的一天，不止24小时

怎么过好这一天？

除了"清晨三件事"外，我们还有不少工作要完成：有的突然安排下来，却要求马上搞定；有的是"面子工程"，不重要但必须得做，还有朋友聚餐、家人感冒之类的琐事需要处理。人活着，总有处理不完的事，想要过好这一天，很大程度上取决于做好这一天的事，做好"日管理"。

但同样是处理事情，有的人像电影里的007一样，似乎一切都在掌控中，每天好似比别人多出两小时，而有的人却一会儿打印文件，一会儿做报表，一会儿又找资料……和救火队员一样忙里忙外，加班加点当"社畜"。这些人在高手眼里就是在"瞎忙"，做事毫无章法，即便他们自己还没发觉。而高手告别"瞎忙"也是有方法的，这套日管理方法，就算不能让低效者变得高效，也能让低效者做事及格，让及格者做事高效。

不过，当下最主流的日管理法还是"基于优先级的待办清单"，不少高管都用它来处理日常事务：遇到事情，先安排优先级，优先级有高、中、低、无四个等级，优先级最高的事先做，排在最后的最后做或直接不做。把所有任务分门别类地放在清单里，完成了就打钩。判断优先级的标准就是"四象限法则",如图 7-1 所示。

图 7-1　四象限法则

"四象限法则"的提出者认为,事情可以按两种属性划分,分别是"重要程度"和"紧急程度"。按照高低两两搭配,会有四种结果:重要且紧急、重要不紧急、不重要但紧急、不重要也不紧急。每个组合放入其中一个象限。当你拿到一件事的时候,先判断它属于哪一种,再判断优先级。

优先级最高的是"重要不紧急"的事,因为这些事拖下去就会变得"重要且紧急",整天处理"重要且紧急"的事情,不仅容易出错,压力还很大。按照优先级顺序往后,依次是"重要且紧急""紧急不重要",排在最后的"不重要也不紧急"的事没有优先级,可以不做。这样,你得到了一张有优先级的清单,并在任何时候按照"要事优先"的原则,先处理优先级更高的事。

用这套日管理方法指导一天,就和麒麟芯片处理信息一样精密:有层次、有重点、分轻重缓急。但是,它却忽视了一个客观的、对我们而言最大的问题:人性。

好方法的原则

一个好的方法，必须要适应人性，而懒、怕麻烦、目光短浅都是人性中不可回避的一部分。

远古人不像我们一样吃得丰富多彩，经常是吃了上顿没下顿。这时，有什么办法能提高他们的存活率，好让他们的基因延续下去呢？那就是减少不必要的能量消耗，能坐着别站着，能不思考别思考。这就使得懒、目光短浅、能不用脑就不用脑等"人性特点"一代接一代地传下来，到了我们这儿，反而成了困扰我们的缺点。

你想改变它们，需要长年累月地培养品格，用理性、智慧照亮人性的阴暗，用一生的时间去改变。不过，如果你只是想管好时间，并由此达到自律的状态，那就不需要改变它们，"安置"好它们就行了：把它们放到一个角落，不让它们作恶。这就是所谓的"顺应人性""与自己和解"。

设想一个场景：你今天既要学习一份枯燥的资料，又打算追两集美剧。学了一半后，你想放松一会儿，反正都掌握了"极小动作法"，不怕停不下来，于是便看起了美剧。

刚才的行为有问题吗？没有吧，既能学好，又能玩好，安置了人性又推进了任务的执行，有什么问题？但如果你遵循之前提到的那套日管理方法，答案一定是：有问题，有大问题！学习资料属于"重要不紧急"的事，是应该首要完成的，而你居然先看起了美剧，做"不重要也不紧急"的事！什么时候，"重要不紧急"输给了"不重要也不紧急"，优先级最高的事输给了没有优先级的事？

面对这掷地有声的诘问，我只能回答：任何时候，或者大多数时候。

因为，重要不紧急的任务，或是大而复杂，或是看起来大而复杂，对应着巨大的心理压力。而不重要不紧急的任务，本身就是你喜欢做的，做起来根本没有什么负担。人性复杂，有时也简单，人总是倾向选择自己喜欢、对自己好的事物，排斥自己讨厌、对自己不好的事物。正常人之所以用不好那套"科学"的日管理法，是因为它反人性。真正的"科学"，不是"使用起来有效"，而是"在学得会、用得好的前提下，使用起来还有效"。没有这个前提，不安顿好人性，"有效"就是空中楼阁，看得见，摸不着。

所以，建议你还是换一个更好的方法吧。根据我的咨询统计进行分析，用好这套方法后，你也会仿佛每天多出来两小时。

待办清单（TO DO LIST）

你得先有一张清单，才能开启接下来的工作。

设置清单这一步做起来最简单也最重要，手机应用商店里有大量清单软件等着你下载。如果你不喜欢用手机，也可以在电商平台搜索"清单记录本"，买纸质的本子，如图 7-2 所示。不论是选择使用手机还是纸质本列清单，选择时都最好遵循"5 秒法则"：在你想记录时，这个工具能让你在 5 秒之内记下你想记的内容，这个工具才可以选用。

图 7-2 两种清单

清单的作用在于解决很多因为"遗忘"而产生的问题。但是，遗忘的后果往往让人感觉并不轻松。

以医学为例，据统计，医学上有 1.3 万个疾病诊断名称、6000 余种药物、4000 多种操作，再高明的医生也记不全。而只要记不全，就有可能犯错，从而伤害到一个鲜活的生命。研究显示，在外科手术中，人为失误造成的并发症达 3%~17%。在分析个案后，研究者表示，半数的手术并发症其实完全可以避免。

为了减少医务人员的失误，保证病人的安全，世界卫生组织于 2009 年制定了一份"手术清单"，清单中包含 19 条具体内容。之后，清单制定者之一，《清单革命》的作者葛文德把推行清单的成效发表在了《新英格兰医学杂志》上：通过对全球不同地区、经济水平不一的 8 家医院和 8000 名患者的记录发现，"手术清单"的推行使病患死亡率由原来的 1.5% 降至 0.8%。例如，以前会有 120 人死亡，现在只有 64 人，56 条生命被拯救。此外，并发症的发生概率也降低了 4%。

此研究一发表就轰动了整个医学界,全球的医院纷纷效仿、制定手术清单。而最初制定这份清单的目的只是避免医生忘记带体液、手术钳这些工具,或者忘记洗手这类小事,没想到却挽救了无数病人的生命。

上述事例体现的是清单较大的影响,它也有小的作用。有一个例子:隔壁老王家厨房的门不好用,总是会自动关上,每次把饭菜端出去或收碗进厨房时都需要用脚抵一下门。这事本身算不上多大的事,但就是让人觉得不方便。老王每次都想对此做点什么,却因为还要忙别的事,很快就把这事给忘了。

后来,使用了清单后,老王觉得不方便时,立刻把它记到了清单上。第二天,老王就找隔壁李婶要了块板砖,堵在门上。就这样,这个问题解决了。

不论是大的影响,还是小的作用,清单最大的功能都是相同的:避免遗忘。清单是你的第二大脑,帮你记住你打算去做的事。而把事情记到它上面后,你也不会再惦记这件事,以便于你更加专注于当下这一刻、这一秒。当你为记在清单上的事情烦躁时,你可以放心地告诉自己别想它,做该做的事去。因为你已经把它放在"第二大脑"里了,这样不仅能减少焦虑,暂时忘记也不会有任何影响。

但老王还是应该接受批评,这么简单的事,怎么还需要清单?那些你立刻就能做、几分钟就能解决的事情就别用清单了,现在就去做。不想做就用"极小动作法"或者"第三人称视角"帮助你完成。除非你确实没时间,不然别加进清单。什么东西都堆在清单里,清单就成了垃圾场。

从老王的事例可以看出，即便清单是个好东西，也要会用才行。清单，只用来记那些不记下来就可能忘的，比如尚未固定的习惯、刚派发下来的任务之类的事。刷牙、洗脸、上班一类的事就完全不用了，不然也太刻板了。

72小时法则

一些人使用清单会习惯先把想做和要做的事全都记下来，再筛选、决定做哪些。这样做有一个坏处：清单上密密麻麻一片，自己却不知道该删掉哪些，该做哪些。最后，很可能没删去几个任务，但该做的都没做，不该做的却做了很多。因此，更好的做法是在记录前先筛选一遍。当你想把一件事记到清单上时，先问问自己："在72小时之内，我会去做这件事吗？"

这个记录的方法就叫"72小时法则"。遇到事情，别管它重不重要，紧不紧急，先思考自己会不会在今、明、后三天内花时间去做，如果答案为"会"，想一想你会在什么时候做，敲定一个大概的时间，再加到清单里面。如果答案为"不会"，那就别管它了，在72小时之内你都不做，之后你做的概率就和六月飞雪的概率差不多。

掌握这个方法后，筛选就变得非常简单，比分清什么"重要且紧急""重要不紧急"轻松、有效得多。以骆雨为例，她想做两件事：第一件事是看公司发的审阅资料，第二件事是学习演讲的方法。运用"72小时法则"，对于第一件事，她一定会在今天完成，不管重不重要，分内的工作还是得做。而第二件事，如果按照往常的思路，会被加到待办清单，并享有最高的优先级，然后，它就一直待在那儿。

但现在，骆雨根本不会把它记在清单里。就算它是"重要不紧急"的任务，只要自己不会在72小时之内去做，就代表之后行动的概率几乎为零。如果她傻乎乎地记了下来，"学演讲"这几个字每天都会出现在待办清单上，但她依旧不会去学。即便她提醒、激励自己，给它最高的优先级，除了徒增焦虑和负罪感，也没有什么其他的作用。

时间管理是一门让人遗憾的艺术，你总有一些你认为重要的事完不成，越会管理时间的人越懂得这一点。你越想尽善尽美，表现往往越不尽如人意，待办清单也会越积越多。反过来，你越是允许遗憾存在，允许一些重要的事被"72小时法则"抛弃，就会表现得越好，越能处理好每一件事。

有些事情即便我们觉得重要，但就是无法完成，这是注定的。与其放到清单里苦苦纠结，给自己制造焦虑，不如学会放手，把手头能做好的事情做好。不要"吃着碗里的，还惦记锅里的"。强迫自己使用"72小时法则"，斩钉截铁地判断"做"还是"不做"，放弃一些任务。实在放不下，就想想你做这件事的目的，再想想有什么别的事是你做了既能达到这个目的又会在72小时内去做的，记下这件事。

譬如，你是一位忙碌的父亲，早上出门时孩子没睡醒，晚上回家时孩子睡着了。你很愧疚，特别想趁着最近孩子放假陪孩子看场电影，但工作的事情很多，腾不出时间。那你就可以想想，"陪孩子看电影"的目的是什么，不就是弥补平时错过的时间嘛。想通后，你可以和孩子通宵看场球赛，反正你回来得晚，孩子正放假也不会早睡。这个方案既让你达到了目的，又有较强的可行性。

此外还有一种情况，一些事你会在72小时内"想"去做，却受客观条件限制，没办法做。你有了个创业的好点子，但这两天工作忙，要等到周末才能好好规划。或者你想去旅游，但休年假时才有空，还需要等两个多月。遇到这种情况，你只需要做两件事：①找到一个你愿意做的日期，把任务添加到相应日期的备忘录上，并设置提醒；②在提醒的那天，再运用"72小时"法则，考虑是否把这项任务加入待办清单。就算你可能还是不做，但也至少避免了因遗忘带来的损失。

遇到事情，先用"72小时法则"思考自己会不会做，如果是肯定的答案，再加入清单里，这是日管理的第一步。当你习惯这样做之后，判断过程就如行云流水，你无须刻意去想就能得到答案。这也体现了它带给你的另一个好处：你会更加了解自己的能力圈，知道自己愿意做什么、能够做什么。

状态优先法[①]

经过"72小时法则"的筛选，你的待办清单应该会精简、好看很多。接下来要做的，就是用"状态优先法"去行动了。

---

① 该方法为纪元老师原创。

所谓状态优先法，就是根据你的状态来判断现在该做什么，你当下有动力做什么就去做什么。你的状态好，就做一些有难度的任务，比如"设计样板""和客户谈方案"之类耗时费力的工作；状态不好、犯困、有起床气、不舒服、伤心时，就处理一些简单的任务，比如"打卡运动3分钟""查一查新款MacBook[①]降价了没有"这些小事。总之，不要考虑事务是否重要，只需要考虑你的状态，再匹配相符难度的事务，在合适的状态下做适合的事。不只是对于清单上的事情，对于任何生活中的事务，你都可以用"状态优先法"来判断当下做与不做。

"状态优先法"与耳熟能详的"要事第一"的原则针锋相对，后者要求你不论何时都做最重要的事。但是，如果我们只按照"要事第一"行动，却不考虑自己的状态如何，往往也达不到效果。我现在只想读几页书，你偏要叫我写文章，说后者更重要。到最后，可能我文章写得拖拖拉拉，写完之后也不想再读书，两件事都没做好。即便把它们做好了，因为做的事与当时的状态不符，也还是会觉得不自在、不舒服。何必这么折磨自己呢？就不能先看书，状态好了再写文章吗？

无论什么时候，种庄稼对农民来说都是最重要的，但你什么时候见过农民在冰天雪地的情况下种庄稼？按"要事第一"做事，而忽视我们的状态，和在冰天雪地里种庄稼没什么不同。做事，该考虑的不是"重不重要"，也不是"状态好不好"，而是"我此时的状态与这件事的难度匹不匹配"。司马迁说，"春生夏长，秋收冬藏，

[①] 苹果公司推出的笔记本电脑系列产品。

此天道之大经也"。在对的状态做对的事，正是遵循这条"大经"。

但要按状态行事，就得先理解"状态"这个既主观又客观的概念。状态受很多因素影响，有时候，一个电话就能让你生气一整天，这种状态只能匹配中、低难度的任务，这是它主观的一面。但它也有客观的一面，每个人的状态都大致遵循一个规律：在一天中，人的状态走势呈一条"凹"字曲线。早上到中午的时段状态较好、情绪较积极，中午到傍晚（下午5、6点左右）精力下降、负面情绪增多、状态较差，而傍晚过后又会回升，状态持续变好，犯困时才又下降，不过，这时也该睡了。

根据上述规律，再结合实际情况，我就可以比较充分地分配一天的任务。

早上，我会处理工作中的复杂问题，并抽些时间写作。如果朋友这时约我，我一般都不会应邀，除非那位朋友的事特别重要。中午午睡一小会儿，下午就做些不用费脑子的事情，如可以一心二用的工作：填写资料、抄写文书，空闲时运动一会儿，改一改稿子等。晚上，我会和家人或朋友逛街，或做一些其他的娱乐活动，还剩时间的话就继续写作、看会儿书或电影，一个工作日大概就这么过去了。虽说少了起伏感，但大致也有条理。

只要能跟着状态走，你的一天就会过得很快活：状态好时才行动，状态欠佳就做些省力的事务或干脆玩；你同样会觉得很充实，因为你会处理掉更多、更重要的事情，换句话说，你会更高效。

要事第一

除了"状态优先法",我们做事还要遵循一个原则:要事第一。

我知道,你肯定会觉得我是在开玩笑,我刚驳斥了"要事第一"原则,但它并非不可取。要明白这一点,你得先理解"层级"的概念:飞行员在起飞前会记住各种代码、操作,起飞后,若遇到情况,他们再根据本部的指示做出调整。这些行为是有层级的,他们必须听得懂代码,能进行操作,才能根据指令行动,不然,听到再精确的指令也不知所云。了解代码、会操作属于第一层级,而本部的指令属于第二层级。想步入第二层级,必须要有第一层级行为的妥善执行。

我们的日管理同样也是有层级的。你没有清单,之后的步骤都不会有,用不好"72小时法则","状态优先法"就会因为事情太多、太杂而失去意义。这些方法的层级逐渐提升,而过了"状态优先"这个层级后,才是"要事第一"的层级。我在上一种情况下不选择"要事第一",是因为人们只看到了"要事第一"这个原则本身所强调的含义,却忽略了它所在的层级,忽略了比它更基础的"状态优先"。你得先做到根据状态行事,才能够做到"要事第一"。

举个简单的例子吧。假设我的清单上有许多任务,此时,我的状态还不错,按照"状态优先法",可以处理高难度的事情。但高难度的任务也有几个,分别是:①写《自律之书》。②健身30分钟。③学习一本谈判的理论书。我做哪个都行,都愿意去做且有动力。那么,我是随便挑一个做,还是先做最重要的那个?答案显而易见,当然是先做最重要的。

在同样状态下，你可以做好几件事，而你选择做最重要的那件，这才真正叫作"要事第一"。"要事第一"没有错，重要的事情当然该先做，但也需要建立在达到了"状态优先"层级的基础上。二者层层递进，不能随意更改顺序。"要事第一"很重要，不过，再重要也必须遵循更基础的"状态优先"。

然而，如果我们已经能够按状态行事，那么，"要事第一"就成了金科玉律了。践行"要事第一"的最好方式，就是给清单设置优先级，优先级别只有两个：高和低。我把"清晨三件事"赋予最高的优先级，此外，一些重要的任务、机会，我也会赋予它们高优先级，其他一律设为低优先级。这不是"一刀切"，而是更方便地践行"要事第一"：在匹配状态下的不同任务中，先做优先级高的，再做低的。这样既妥善处置好了人性问题，又能兼顾轻重缓急。而如果状态允许，事务优先级相同，那你想做哪个就做哪个，可以随意一些。

"要事第一"是建立在"状态优先"基础上的，它处于一个更高的层级，这也是我们日管理的最高层级。换句话说，如果你还没有学会使用清单、掌握"72小时法则"、按照状态行事，那就别想着"要事第一"了，还是一步步来吧。

渗滤作用

当你践行日管理方法，开始认认真真生活后，一定会遇到一个很难应对的困境。

前些天,你记了一个"约老李打网球"的任务,心想,或是明晚,或是后天下午,自己会抽时间去约。但是,三天过去,这个任务还在清单上。你再用"72小时法则"判断了一遍,依旧觉得自己会在之后的两天完成这个任务,就没删除。然而又过了两天,你还是没有约老李。这下可把你搞蒙了,这任务怎么就一直完成不了?

使用过清单,不论根据什么原则记录、执行任务的人都会遇到一种情况:一些任务总能一直留在清单上,删了觉得可惜,留着自己又不去做。它们像一粒粒沙子,漏过了行动的一张张大网,并且还可能继续漏下去。这种困境,就是"渗滤作用"导致的结果。

小李的待办清单一向都处理得很好,经常当日清空,一天下来舒舒服服。但从一个月前,清单上有两项任务怎么也去不掉,它们分别是:"复习神经内科资料"与"和一个老朋友喝茶"。一星期后,又多了一个甩不掉的任务——"体验一次电音节"。就这样,这个月有七八个任务发生了"渗滤作用"。打开清单,光是渗滤的任务都能堆满整整一页,以至于小李都不想再使用清单,重新回到随心所欲的状态。

就和泥沙淤积过多会堵塞河道一样,渗滤的任务越多,清单就越臃肿,执行的动力也就越低。长此以往,自我效能感会严重受挫。想要避免这种困境,最好的方法就是"避免它"。不要等到渗滤出了大量任务之后再想办法补救,当发现有一两个任务黏在清单上时,就要着手去解决。

产生渗滤任务的原因只有两种:一种是不想做,意志力抵抗不了人性；另一种是不能做，不知道该怎么去做。如果小李在刚发现渗滤了两个任务时就对症下药，采取相应的策略去解决它们，就不会像现在这样尴尬。

对于第一个渗滤任务"复习神经内科资料"，小李八成是"不想做"。就算知道它很重要，但就是没法办开始行动。他可以用"预算控制法"先明确考试的日子，也就是截止日期，再算出复习完所有资料需要的时间。这样，他每一点行动自己都看得见。另外，在想要刷手机时，开启"第三人称视角"，克制住念头。

而第二个渗滤任务"和一个老朋友喝茶"属于典型的"不能做"。老友工作的地方离他很远，自己的时间又紧张，很难抽时间去玩。小李可以先从行事目的入手，问问自己为什么想约老友喝茶，答案不过是想散散心，叙叙旧，找回从前的时光。他再问自己："下一步，我能为散心、回忆从前做些什么呢？"——翻出以前的相册、回忆录看看，先和老友在微信上聊聊天，等空下来再考虑聚聚。接下来，这么做就行了。用好我们已经掌握的技能，渗滤的任务就能解决。

不过，也有些任务，即便你对症下药，也还是解决不了。这些任务就是清单的毒瘤，如果你已经为做一件事想尽了方法，却还是没能如愿，那就删了它，不要留情。不要捡了芝麻，丢了西瓜。韩愈说："小学而大遗，吾未见其明也。"就是在嘲笑那些只学小知识而放弃大学问的人。同样，为了一两个小任务把自己的日管理系统搞乱了，就得不偿失了。

至此，日管理就说得差不多了。不知道你发现没有，其实管好时间，达到自律和实现改变没么难，这些方法本质上也很简单。真正难的，还是一件看似更简单的小事——从规律到行动的惊险一跃。

我相信，你懂我的意思。

第8章 月管理
谷歌、领英都在用的极简规划法

与日管理相比,月管理的时间跨度更长,方法也大不相同。大多数人对一个月内要做的事根本没有规划,或者只是画张好看的计划表,等着月末被打脸。有方法的人也可能会遭遇一个强大的敌人 —— 人性,它可以肆意踩躏你的方法,把它摔得粉碎。

我曾经学过一个叫"生命之花"①的月管理方法,或者叫"生命平衡轮",让我觉得挖到宝了。运用它,你需要先在一张白纸上画一个圆,再标注出圆心,从圆心出发把这个圆分为八个部分,分别写上:健康、家庭、事业、爱情、娱乐、财务②、成长、朋友。这8个词语映射出我们生活的8个维度,相互关联又彼此独立。

图8-1所示即我的第一次生命之花。

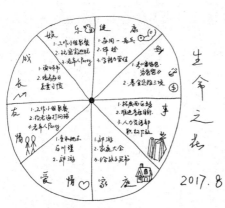

图8-1 我的第一次生命之花

---

① 古典老师给它起的译名。
② 真正的财务与事业挂钩,生命之花的"财务"可以理解为"理财"。

加拿大赋能教练玛丽莲·阿金特森博士率先提出"生命平衡轮"的观念，但我还是更喜欢叫它"生命之花"：这 8 个维度是一朵花的 8 片花瓣，如果花瓣大小差异很大，花就会朝一边倾倒，预示着生命的失衡。一个人的成功必然不是单维度的成功，有财富没健康，有朋友没爱情，都算是失败的人生。只有这 8 个维度的水平都及格，并在一两个维度上比较突出，才算拥有一个成功、幸福的人生，这朵花才能在风中挺立。

生命之花是一个月任务处理工具，月初，在花的 8 片花瓣上分别写出与之相关的 3 件事，比如"娱乐"，你可以写"周末去隔壁城市逛两天""约小胡玩密室逃脱""去水上乐园玩一个下午"。 你会发现，有很多事跨越了几个维度，比如"约小胡玩密室逃脱"就至少包含了"娱乐""朋友"两个维度，说不准还有第三个维度——"爱情"出现呢。所以，不用管填在每个花瓣上的事情重不重复，有就行了。

此外，事件数目不一定是 3，具体来讲可以是 2~5 件。1 件太少，6 件太多。把每件事安排到日历上，精确到 3 天的时间，然后执行。等到下个月初反思，根据完成情况给每个维度打分，分数从 1~10 分不等。最后，再制定下个月的"生命之花"。

但是，我并不推荐你使用它。

我的生命之花

我的亲身经历告诉我，生命之花更适合作为一个"反思工具"，而非计划工具。考虑到我也是个普通人，我的经历或多或少有点参考价值。

我第一次尝试生命之花是在 2017 年 8 月，我争取在每个维度中都列举 3 件事。以"休闲"为例，我安排了"工作小组聚餐""玩密室逃脱""老年人 Party"三件事，然后确定了大致的时间。一切顺理成章，这三个任务都涉及"玩"，我也很愿意去做。可结果是，除了参加了最后一个只属于我们的"老年人 Party"，其余两个都没完成。

"工作小组聚餐"涉及每个人的时间，有很大的不可协调性，换句话讲，就是"你有空时我没空，我在家时你旅游"，时间不统一。尽管我选了 3 天的可用时间，依旧有人时间安排不好。等他们安排过来，我又要处理生命之花上的其他任务了。就这样，聚餐的事不了了之。

没能"玩密室逃脱"则是我的问题，周末我睡过头了。照理说，平时我睡过头，就是赶任务会匆忙一点，也没什么大的影响。再不行就把这件事往后安排，总抽得出时间。但是，生命之花上有那么多事等着我去做，秉承着"宁可让今天不完美，也别把明天搭上"的原则，我只好放弃这件事。

等到 8 月初，我觉得我 7 月的生命之花算是失败了。它的评估结果简直惨不忍睹，让我不胜悲伤：总的任务完成率不到 50%，按照上面规划的事情给每个维度打分，我最擅长的"学习"一项也刚超过及格线——7 分。我抓着头发，挠了两下发麻的头皮：没道理啊，我觉得这个月各方面完成得都还不错，怎么生命之花就这么惨淡呢？

制订好下个月的生命之花计划后，突然间，我想到，如果我不

第 8 章　月管理 ｜ 谷歌、领英都在用的极简规划法

按最初计划做的事情来评估生命之花，而根据那些我真正做了、没有预先计划的事来评估，这个月的情况会怎么样呢？我花了 10 分钟左右时间，回想我每个维度做了些什么。最后，我生命之花最"虚弱"的花瓣——娱乐——都拿了 6 分：我的小组没有聚餐，但我和另一个朋友去唱了一下午的卡拉 OK，这当然也算娱乐，类似的事情还有很多。换了个方法评估，我的生命之花不仅活了过来，还娇艳了很多。

8 月，我抱着试一试的心态，再次按老方法给这个月做计划。结果评估的得分又很低。不出所料，用做过的事而非计划做的事评估，我的总分又一下子提高了几十分，平均每个花瓣多了 3 分。这才让我真正意识到用"生命之花"做月计划的弊端。

（1）事情太多、太杂，没有重点。

（2）灵活性较差，导致达成率很难提高。

（3）世界在变化，但这朵花不变。

第一条弊端暂时不讨论，但第二条和第三条组合起来真的很要命："生命之花"不会随变化而改变，但 8 个维度的内容选择却极度灵活。跑马拉松属于健康维度，练拳击属于健康维度，少吃碳水化合物也属于健康维度。用几件具体的、不灵活的事代表一个包罗万象的板块显然是不够的。就好比你去买水果，本来打算买苹果，后来发现香蕉更不错，买了香蕉。你能说你没有买水果吗？

鉴于此，我换了个方法使用"生命之花"：用它来评判一个月。你只需要在每个月的月末找一张纸，列出这 8 个维度的内容，然后告诉自己"尽量客观一点"，努力回想每个维度做过的事，最后一口

气给每个维度打分,就能保证你给一个维度打分时有其他维度内容作对比,客观性相对强一点。

你会发现有一两个做得不错的维度,也会有一两个做得不好的维度,这时,你就可以根据这个结果思考下个月的行动。不过,规划行动的方法,肯定不是"生命之花"。

你的 OKR

我推荐你用 OKR 来规划月任务。OKR 是 Objectives and Key Results 的缩写,即"目标与关键结果"。这套方法一般适用于企业,谷歌、领英等都用它来考核员工和团队,以替代僵化的 KPI 考核。它的优势是以目标为导向,只要行为能达成这个目标,那就是好的,行为的灵活度很高。

OKR 在企业中通常作为一个季度的规划法,但对个人而言,月规划更加合适。因为与团队比起来,个人更容易分心,"定力"更差。组织靠薪水凝聚,驱动力是薪水,而非目标带来的收益,但人只能靠目标和意志力驱动。而且,人有一种弱化长期收益,强化短期收益的倾向。不信的话,你可以问自己这样一个问题:在 12 个月后获得 100 元和现在就拿到 50 元之间,我会选哪一个?

如果你忽视了年化收益率 100% 的前者而选择后者,那说明你也只是普通人。

所以,我们最好还是用组织规划长期任务的方法来计划我们的短期行动。

下面,便是不那么枯燥的步骤介绍。

步骤一:找出生命之花的高低二项

这一步简单但是至关重要。我们都知道木桶原理:一个木桶装水的多少取决于最短的那块木板;也学过长板理论,一个人取得的成功很大程度上是依靠他唯一的优势。比如埃隆·马斯克,他性格暴躁,还很自恋、无情,但他的科学观和商业观一样能让他成功。在个人发展中,发挥优势和提升短板同样重要,前者帮你取得成功,后者是享受前者的条件。如果你挣了很多钱,身体却垮了,那你可以骄傲地说:"我存在的唯一意义就是为后代印钞票。"

生命之花的高分维度是你目前的长项,低分维度是你的短板,两者都需要提升。当然,如果你第一次分析时发现几乎所有维度全是短板,那就别想着提升长项了,先补短板吧。这时还想发展长项,就是在有地陷危险的土地上拼命盖高楼。大部分人都会有各种各样的"无能",玩无能、社交无能……这些短板普遍存在,生命之花让你看到它们,这样你才有机会去改变。

不过,理论是简单的,而生活是复杂的。每个年龄段有每个年龄段的任务,事有轻重缓急。十几二十多岁的时候成长更重要,二三十岁时爱情、事业更重要,四五十岁时财富更重要,只有身体在每个阶段都是最重要的。

所以,也不见得单纯根据高低两项定目标,你要结合自身情况判断出下月要着重提升哪两个方面的内容。但不论怎样结合情况,严重失衡的情况都是一定要避免的。除了爱情、事业不能强求,其余的都可以想办法掌控，换言之，都应该及格。

步骤二：根据高低两项定目标

　　找到两个维度后，下一步，就是给每个维度定一到两个目标。找一张纸，对折两次，在左上角写上目标，再打个括号，写上对应的、最主要的维度。目标千万别定得太具体，要反过来，一定要抽象，才能给你动力。图 8-2 所示为我的朋友小 E 7 月的 OKR。

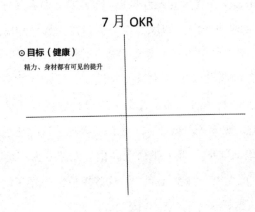

图 8-2　小 E 7 月的 OKR

　　上个月，小 E 的"健康"是短板，只得了 5 分。她工作的地方离地铁站很近，上下班走不了多少路。作为标准的白领，她工作任务多，午饭、晚饭经常点外卖，回到家什么也不想做，抽时间运动更不可能。但是，她却能在被子里追剧追到凌晨一二点，早上六点半又得起床，一天只睡四五个小时。

　　说真的，小 E 给自己打 5 分实在是太高了。现在的她，明显感觉到身体越来越差。过马路时，走快点都会像老太太一样喘气。此外，她还收获了"象腿""拜拜肉"和白头发。所以，她把头发染成了灰绿色，偶尔会运动一次。她做这些不是为了改变，只是为了满足改变的欲望，给自己"正在改变"的错觉，她的健康水平还是在直线下降。好在她也终于意识到了问题所在，并决定第一次的 OKR 只关注"健康"这一个维度，先把最致命的短板补上。

她定了一个目标：当月瘦 5 斤。但这显然不对，瘦 5 斤只是数字，作为目标不能激励她。目标的制定上，我更建议她选"精力、身材都有可见的提升"。这句话对"健康"的概括相对全面，而且比较容易记住，随时能想起这句话。

但为什么只是"可见的提升"，而不是"大幅改善"呢？还是取决于人性。罗伯特·西奥迪尼[①]讲过一个实验，给一些身材肥胖且想减肥的人两种海报，一种画的人是所谓的完美身材：六块腹肌、美式翘臀、有你大腿粗的肱二头肌，和美国队长看起来差不了多少；另一种和他们的身材差距不大，只是瘦了一点点，加上专业摄像、模特的缘故，看起来却好看得多。结果，那些拿到"小改变"海报的人减掉了更多的体重。

目标太大会让你绝望，原因就是这么简单。绝望的来源是心理落差，你感觉再怎么努力，离目标也还是太远。所以，最好选一个"跳一跳能够得着"的目标：你在提醒自己保证客观的前提下，评估一下达成这个目标的概率是多少。如果是五成左右，这个目标就

---

① 全球知名的说服术与影响力研究权威，著有《影响力》《先发影响力》等作品，其作品被翻译成 26 种语言出版。

完全合格。

步骤三：为目标配置关键结果

OKR 叫"目标与关键结果"，衡量目标是否达成，靠的就是关键结果。如果你听说过 SMART 目标法①，那你一定知道，通过 SMART 目标法确定的目标必须是可衡量、可量化的，如"一个月瘦 2.2 千克"，这样的目标容易衡量，但缺点在于它不会给你动力。

OKR 巧妙地把 SMART 的目标变成了关键结果。一般而言，一个目标会有 2~4 个关键结果。比如小 E 的"精力、身材都有可见的提升"的目标，就可以把"瘦 2.2 千克"作为关键结果。除此之外，还可以添加"每天精神、心情更好""爬 3 楼楼梯不大喘气"等关键结果。

关键结果必须是"内部的"，即必须可以自控。如果她的关键结果是"比……好看"，那就错了。因为，她能不能变好看不是自己能控制的，也许她有点"拜拜肉"，有点颓的样子在一些人看来更迷人。将自己无法控制的事情作为关键结果，行动就会缺少指导。你只能控制自己能控制的，改变自己能改变的。如果拿自己控制不了的事情做关键结果，达成结果不仅需要努力与智慧，还要有足够的运气。

把关键结果写在纸的右上角，目标的右边。如果有两个目标，那么关键结果旁可以标注目标对应的维度，也可以用不同颜色的笔来区分。

---

① 一种目标管理的方法，其中"S""M""A""R""T"五个字母分别对应：Specific（明确）、Measurable（可衡量）、Achievable（可达成）、Relevant（相关）和 Time-bound（时限性）。

图 8-3 所示为小 E 显示目标和关键结果的 7 月 OKR。

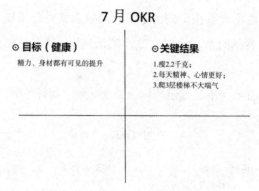

图 8-3 小 E 显示目标和关键结果的 7 月 OKR

步骤四：评估状态，根据目标和关键结果安排下周的任务

每个周末你都需要评估你当时的状态，好、中、差，或者别的标准（在下一章中会讲到），把它记下来。这样，月末的时候，你对你本月的 OKR 不仅有了目标上的认识，更有了执行的心路历程，后者能为你以后制订、执行新的计划提供指导。

评估完之后，写出下周的任务[①]。小 E 做好 OKR 后，制定的下周任务如下。

（1）开始培养"每天运动 3 分钟"和"少糖油、多蛋蔬饮食"这两个习惯。

---

① 如果正在制订月计划的话，就从现在开始，算到这周或下周周末，间隔时长不要超过 10 天。

（2）针对自己的情况，从"不想做"和"不能做"中挑选两种实施改变的策略，用来指导自己。

这些东西不要直接记到清单上，而要放到备忘录里，时不时看一下就行。看的时候，运用"72 小时法则"，挑出目标任务记到清单上。

图 8-4 所示为小 E 显示目标、关键结果、周任务的 7 月 OKR。

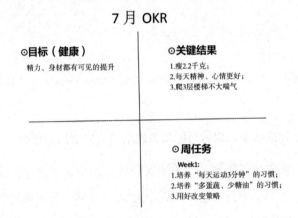

图 8-4 显示目标、关键结果、周任务的 7 月 OKR

一周过去，小 E 用改变的情况对比关键结果，结果如下。

（1）这周瘦了 0.25 千克，关键结果是 2.2 千克。

（2）精神已经开始变好，焦虑少了，情绪也好点了，和关键结果一致。

（3）爬 3 楼还是有点喘，但慢一点就好得多，再怎么样，总比以前好。

经过对比,小 E 觉得自己状态不错,离目标更近了,便又安排了下一周的任务。

(1)和闺蜜打网球。

(2)买本书学习健身理论。

(3)上一堂拳击课。

图 8-5 所示为小 E 的"状态评估与新的行动"的 7 月 OKR。

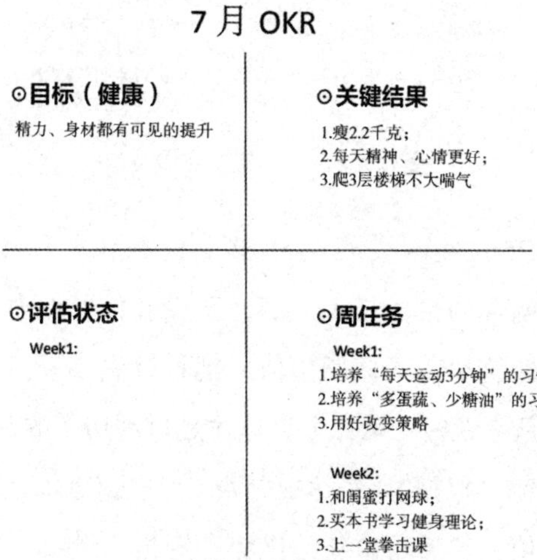

7 月 OKR

⊙目标(健康)
精力、身材都有可见的提升

⊙关键结果
1. 瘦2.2千克;
2. 每天精神、心情更好;
3. 爬3层楼梯不大喘气

⊙评估状态
Week1:

⊙周任务
Week1:
1. 培养"每天运动3分钟"的习惯;
2. 培养"多蛋蔬、少糖油"的习惯;
3. 用好改变策略

Week2:
1. 和闺蜜打网球;
2. 买本书学习健身理论;
3. 上一堂拳击课

图 8-5 状态评估与新的行动

她把它们都记到了备忘录上。这个步骤持续做下去,每周做一次,改变就悄然发生了。直到现在,小 E 也一直坚持着 OKR 的习惯。图 8-6 所示为小 E 本人的 7 月 OKR。

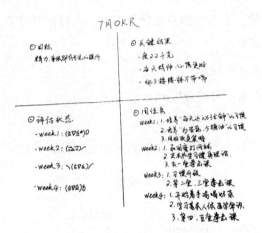

图 8-6 小 E 本人的 OKR

在执行 OKR 的时候，也许会出现目标总是达不成的情况，若是这样，只能说明你的目标定得太高，至少和你的能力、资源暂时不匹配。这时，你该学着降低期望值，把目标定小一点。比如，你第一个目标应该是挣大钱，第二个目标才是付清房子的首付。

每个月过完，根据 OKR 达成情况，评估 OKR 对应维度的"生命之花"的分值。然后写出新的优势和短板，继续下月的 OKR。把 OKR 和生命之花结合起来，一个月就应该过得不算太差，换句话说，你的"月管理"已经做得比较令人满意了。

第9章　三样管理
告别熬夜，赋能你的未来和皮肤

所谓"三种管理"，指的是"晨间管理""晚间管理"和"周管理"。之所以把它们三个合并在一块讲，是因为它们虽然重要，但做起来相对简单，讲起来也不需要占用太多篇幅。而且，"晨间管理"与"晚间管理"环环相扣，"周管理"和我们之前讲的"日管理""月管理"也有联系，这样一来，做到一个就能带动整体，对行动也更有意义。

考虑到"晚间管理"对大部分人而言比"晨间管理"更重要，所以，咱们先聊聊怎么做"晚间管理"。

晚间管理

大部分人的晚间管理都会面临以下两个问题。

（1）荒废时间。没运动，没看书，也没有复盘总结，把大部分时间花在打游戏、追剧上面。

（2）晚睡。很多人都有晚睡的坏毛病，不少人皮肤不好，归根结底也不是护肤品的问题，只是单纯睡得太晚。但晚睡也不是一个典型的坏习惯，因为晚睡非你本意，是你玩着玩着就忘了时间，最后不得不晚睡。

对于"荒废时间",借助我们的习惯养成法,你应该能较好地应对了。我的朋友王晓以前老爱在晚上玩游戏,一玩就是几个小时。他很苦恼,时不时觉得自己是在"挥霍生命"。好在后来他开始培养阅读、运动这些习惯,把它们放到晚上去做,并逐渐铲除了"玩游戏"这个习惯(具体方法见第11章)。过了两个月,他的晚间生活就已经焕然一新。有孩子后,尽管他花了不少时间在陪孩子上,也依旧保留着好习惯。

所以,做好夜间管理最重要的一点是,取缔夺走时间的坏习惯或减弱其影响,培养需要时间的好习惯。你只需把我们学过和要学的知识活学活用,就完全能做到这一点,并赋能你的未来。

解决了"荒废时间"的问题,剩下的问题就是"晚睡"了。以我为例,我有时候看书能看到深更半夜,王晓呢,现在虽然不怎么打游戏了,但总有打的时候,一打就又回到凌晨两点睡觉的行为模式。针对"晚睡"这个问题,还必须有别的办法去应对。

晚间二分法

"晚间二分法"是纪元老师创造的方法,我稍微改变了一下:以"最后"的洗漱为界,把晚间分为洗漱前和洗漱后两段,第一段做法和平时的做法没有差别,而第二段就要求你放下所有自己高度感兴趣的东西。

举个例子,我是这样使用它的。

第一段时间,我可以随便玩手机,刷几条视频,回该回的微信、邮件,也可以看看书,做做运动。一句话:爱做什么做什么,没有任何限制。

之后,我就去洗脸洗脚,洗完接着看书、玩手机,却迟迟不去刷牙。因为二分的界限是"最后的洗漱",而非洗漱。在刷牙前,我依旧可以爱做什么做什么。说来尴尬,这个规则其实是为了应对洗澡的情况:如果刚洗完澡就睡觉,对身体不好;如果洗完后很久不睡觉,因为"二分"的缘故,那时又没有什么有意思的事情可做,容易"破戒"。而如果还剩一件事没有完成(刷牙),就能延长第一段的时间,减少第二段的时间,减少"二分法"的副作用——无聊。

又一翻折腾之后,我去刷牙了。刷牙前,我关掉了手机、电脑,收起了平时一看就停不下来的几本书。刷完牙后,我钻进被窝,看了一本大部头著作,下床写了"清晨三件事"的反思。又过了会儿,我关掉了客厅和卧室的灯,乖乖上床睡觉了。就这样,我一周至少有5天可以早睡。

晚间二分法实际上是借助"仪式感"把晚上的时间分为"感兴趣"和"不感兴趣"(主动培养的习惯可以算进任何一类)两部分。你只有做自己感兴趣的事才会停不下来,所以,为了早睡,睡觉前我们就要做自己不感兴趣的事,这也是晚间二分法有效的原因。

不过,和"最后的洗漱"这个标准的内涵一样,第二段的时间不能太久。没兴趣的事情,做一会儿可以忍,但做很久都不能上床睡觉,是谁都无法忍受的。这种感觉就像上学时没完没了地写作业一样。所以,你最好在规定的睡觉时间的半小时前做最后的洗漱。

刚开始培养习惯的时候，做的事情只可少不可多，不然，晚间二分法肯定坚持不了多久。

另外，如果你平时都睡得很晚，那就先晚点去洗漱，培养习惯需要循序渐进，突然早睡一个多小时，你只会在床上翻来覆去。我的建议是，使用晚间二分法，最多比你平时提前半个小时上床，再逐渐往前推，慢慢达成早睡的目标。

一步步地，随着对晚间二分法的逐渐掌握，你的第一段时间就可以逐渐减少，而第二段时间逐渐增多。换句话说，你花了更多的时间在你不感兴趣的事务上。人都有惰性，在困倦的时候，都想做低耗能的事情，比如打游戏、看小说，结果反而越做越精神。而高耗能的事往往很催眠，一些晦涩的书都是我们强迫自己看下去的。但它们的思想往往更深邃，"参透"后，作用也更大，时不时吸取它们的精华，对我们是有好处的。而且，睡前处理高耗能事情的时间越多，你就越想睡觉，第二段时间的增多还能起到加快入睡的作用。

关于第二段时间，我还有个小建议：用来准备第二天的重要任务。很多人都是救火队员，每天匆匆忙忙做事情，做完这件换那件，最后，不是忘了这个就是漏了那个。用了晚间二分法，多出了一段专门做不感兴趣事务的时间，就可以拿它来做第二天的准备。明天要见一位大客户，会谈时有什么要点，要注意哪些地方，要穿什么衣服，都可以提前记下来，准备好。

晨间管理

之前讲过，晨间管理和晚间管理环环相扣。那么，是怎样扣的呢？别急，关于晚间管理，还有一点没讲完。

如果在第一段时间里，你有件很重要的事情还没做完，或者有事物太吸引你了，不做觉得焦虑、可惜，做了又停不下来，第二段时间几乎被剥夺殆尽。这时候，安心地把这件事写到清单上，第二天早上起来做。

一些成功人士总爱说把最重要的事情放到早上做。比如 J·K 罗琳在早上写作，科比①在清晨练球，仿佛早上是努力的最佳时间，但这是错的。那些名人之所以在早上做最重要的事，是因为他们腾不出其他时间。创作《哈利·波特》的时候，罗琳身兼数职，还有几个孩子要照顾，除了清晨，根本没有属于自己的时间。科比清晨练完球后，还要回队里集训，剩下的一天几乎都在队里度过。他们把最重要的事情放到早上做，不是早上做事好，而是只有早上有空。

但对我们来说，既然还在学时间管理，那就说明还有时间能被管理。所以，不用学他们把重要的事情放到早上做，对大多数人来说，早上的时间本来就不多，而属于自己的时间就更少了，只有刚起床的睡眼蒙眬。你的状态不好，即便努力成效也不会太高，还不如娱乐一下，把工夫放到晚上，这也符合"状态优先法"的原则。

把那些在晚上缠着你，阻止你早睡的事放到早上起床后做。即便是打游戏、追剧这类瘾性很大的事也没关系，放心地放到早上，

---

① 谨以此纪念科比·布莱恩特。

你会停下来的。一是早上要工作,即便你还想看,也必须出门;二是早上是你意志力最强的时候,对于停止这些行为会更有利。把晚上一做就停不下来的事放在早上,停下的概率会大得多。这样你既能乖乖早睡,事情也一样会完成,玩的事一件也没少做,这就是早间管理和晚间管理相结合的成果。

不过,这个方法也有缺点:如果做的事瘾性很强,即便早上停了下来,也会在你脑子里惦记着,导致工作分神。就像我,有时候早上起来看小说,一上午都时不时想起:那谁谁谁和他打起来了,后来怎么样了?她说她有一个秘密,和那朵花有关吗……为了不让这些想法影响你,还需要新的武器,我把它称为"静心仪式"。

所谓静心仪式,就是做一件能让自己的心静下来的事。这个仪式是什么,对于每个人都不一样。对于我,往往是一两首 Billboard[①] 里的旋律。对于你,可以是写"清晨三件事",也可以是冥想、看早间新闻,任何能让你转移注意力、不会上瘾的事情都可以。我早上做完想做的事都会听几首歌,接下来的一天都很少想到刚起床做的那些事。现在,即便我早上追了一集剧,通过这个小小的"静心仪式"也能不受杂念的干扰。

周管理

"周管理"的名称不恰当,应该叫作"周末管理",这里的周末指的是一周的末端,而非我们平时理解的周六和周日。因为,对于

---

① 美国及其他欧美国家流行乐坛最具权威的一份单曲排行榜。

每天的管理可以用日管理的策略，而对于周管理，要做的只是一些方向上的调整。我们可以将它分为两个步骤：①评估上周情况；②指导下周计划的制订。

评估上周

我们已经讲过了月管理，每个月，我们都会有一个OKR，而一个月分为4周，每周都可以根据OKR来判断我们的行为结果离目标是近了还是远了。

首先，你要准确了解上周的情况。你可以一边回忆，一边查看被划掉的清单内容，对上周做了什么有个大概的认识。接着，你就可以评估了：你离自己的OKR到底是近了，还是远了？

近和远的标准不是随便定的。逆水行舟，不进则退，你就算不和别人竞争，也会和自己的人性有各种各样的较量。靠近目标的速度太慢，就有可能一直达不到目标。虽然衡量目标远近的标准是我们主观制定的，但还是切记"不进则退"的观念。

不过，即便目标"远了"也不用着急。慢慢进步，如果方向对了，速度会越来越快，如果一直很慢，你才要思考出了什么问题。

你只需客观评估上周的行为结果离OKR到底是近了还是远了，然后根据结论得出下一步的计划。

指导下周

以我的OKR为例，看一看怎么用它指导下周计划的制订。

这个月，我的OKR主题是"娱乐与成长"，我这周的评估结果是"远了"。成长方面还不错，OKR 的关键结果达到了两个，但娱乐方面就差了，不仅一个也没达到，我还感觉什么也没做。据此，我根据"每天玩得更爽"这个目标和诸多关键结果，更改了计划：原先有"周末去青城山隐游"的计划，但现在电影都没来得及看，哪有时间爬山？马上退而求其次，把它改成了"去一家创意餐厅吃饭"，那家餐厅的上菜方式十分独特，盘子会在我头上飞。之后，我又更改了一项计划。

接着，我把这些新多出来的事情先写在 OKR 上，再一个个记到备忘录里，时不时翻看一下。当我打开备忘录，看着这些事情的时候，就能根据"72 小时法则"适当加一些事情到清单上。

在"指导下周"的过程中，要避免一股脑把新增的行动计划全写在清单上。这样一来，不仅"72 小时法则"派不上用场，还徒增了许多焦虑。清单上一下子多了这么多的内容，想不头大也难。还是先放到备忘录里吧，偶尔选一两个去做。

学问复盘

除了规划，还有一件事也可以放在一周之末完成，我称它为"学问复盘"。

我们一周会学很多东西，有"清晨三件事"的反思，有看书做的笔记，有收藏的文章……这些东西都有价值，你反思、做笔记和收藏的行为证明了这一点。不过，除非是让你醍醐灌顶的东西，否则，根据被诟病已久却还是基本正确的"艾宾浩斯遗忘曲线"[1]，你一天就会遗忘很多内容。

这让我想起一个研究：商业上，发展一个新客户的成本足够维护 3~10 个老客户，而且，老客户的忠实度会比新客户更高，带来的业绩也会稳定得多。这个道理用在学习上也一样。学习一个新知识、练习一项新技能的成本，会比巩固旧知识、老技能的成本大得多。把老知识巩固好是很划算的。它花费的时间少，毕竟你之前已经学了一遍，有了印象。

尝试每周花点时间在复盘上。你只需要把之前记的东西看一遍，有了什么想法记下来，不需要像高中那会儿要死记硬背。这样做耗时不多，却能帮你捡回不少花心思学的知识。换个角度看，如果你和别人每周都要学一样的东西，他只记得 30%，而你记得 60%，不就近似学习效率翻倍了吗？[2]

收藏的文章、笔记，这些都是需要你消化的精神食粮，在周末，找一个慵懒的下午或晚上，伴随着涣散的日光或灯光，花半个小时，打开之前从来不会打开的收藏夹和看过的书，好好再看一遍，仿佛回到了从前的时光。不一样的是，温故而知新，可以为师矣。

---

[1] 这一曲线最早由心理学家赫尔曼·艾宾浩斯提出，曲线内容大致是，学习一个知识后，大部分内容都会在一天内被遗忘，但一天后的遗忘率坡度开始变缓。

[2] 注意，是近似，知识和技能的获得需要行动来做支撑。

第10章 碎片时间管理
用好它，你每年不止能多读10本书

碎片时间，顾名思义，是指一小块一小块的时间，时长一般在 30 分钟以下。如果花费时间超过 30 分钟，却连接了两件事，那也属于碎片时间，比如下班回家坐地铁、独自乘坐出租车的时间，这些时间你做不了什么事，但必须要花费。碎片时间如果利用得好，对每个人来说，都会是一笔不小的资产。

然而，大多数人对碎片时间的利用方式就三个字：玩手机。

不论是美其名曰"看新闻""放松一下"还是"锻炼脑子"，都改变不了看手机的事实。你可以去地铁上观察一下，除了拿不到手机的学生和眼里仿佛有光的老人，其余的人手里都拿着各式各样的手机。

为了了解自己碎片时间的使用情况，你可以下载几款软件，如"不做手机控""Rescue Time"，两者都有监控手机使用时间、在什么时间用了什么 App，以及每个 App 用了多久的功能。当然，也有的手机会自带这些功能，利用好它们。

碎片时间虽然不等于"玩手机时间"，但对大部分正常人而言，用来玩手机的碎片时间最多、最好利用。所以，把这段时间转化、利用好，就相当于在金矿里捡到大金块——显而易见，得不费力。

分析你的记录时间

你还是先把这本书放一会儿再看吧,赶快下载一个记录玩手机时间的软件,再继续读。这样,明晚你就有了一份你一天的手机使用情况报告,你也好现学现用。

我的朋友李鹏说自己总觉得一天天就这么过去了,没什么感觉。我问他,你的一天都做了些什么,他说是工作、学习、玩。我又问,你用手机成瘾吗?他说他不打游戏,只是偶尔闲下来看一下文章,刷一下视频。我说,那你下一个"不做手机控",监督一下你每天花在手机上的时间。

我逼着他在我面前把 App 下载好,然后才放他走。我把"和李鹏一起看结果"记在了清单上。第二天晚上,我约他出来打羽毛球,打完之后找他要手机。

当他说"我差点忘了还有这回事"的时候,我真想把羽毛球拍扇在他脸上。

记录总时长"6 小时 16 分钟",要不是当时他一直嘟囔"肯定错了,肯定错了……什么烂软件",以及看完每个应用的详细使用时间后心如死水的样子,我肯定记不住这个时间。按照惯例,他晚上回去还要刷一下朋友圈,一天的使用时间更长。图 9-1 所示为让李鹏惊掉下巴的手机使用情况记录单。

就像我们之前所讲的,人经常判断失误,有时候误差还特别大。玩手机是个典型的例子,手机软件开发商——那些拥有大数据、了解你一切喜好与情绪的公司,会想尽办法榨干你的每一份注意力。

不知不觉中，你的碎片时间就这样被他们吸走，甚至整段时间也会被破坏（那些一边学习、工作，一边时不时摸手机的人）。一天下来，自然感觉什么都没做。

时间的使用分为两种类型，投资和消费。个人成长、学习、情感维系这些是投资，刷视频、玩游戏这类是消费。除去工作需要，你可以按"投资"与"消费"来评估碎片时间的使用情况。有研究表明，大部分人即便把工作也算作"投资"，"投资"的总时间也才勉强和"消费"持平，而比较合理的比例应该是3∶1。我们使用碎片时间掉

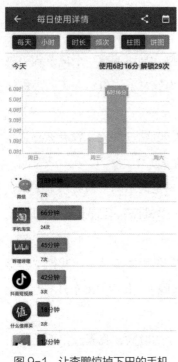

图9-1　让李鹏惊掉下巴的手机使用情况记录单

进了太多坑，有的坑还入得太深了。

好在，借助记录手机使用情况的App，我们能够发现自己入了哪些坑，以及入坑的深浅。之后，就可以有两种策略：避开坑走，把坑填上。

避开坑走

避开坑走，就是转移注意力，找别的事来填充这些时间。

比如，我经常在闲下来的时候玩微信、知乎。为了避开这个坑，我想了个办法：在手机上下载 kindle[①]，并将内容同步到我的阅读器账号。这样，我就能在手机上随时随地地看书了。每当想看微信、刷知乎时，我都看得到 kindle 的小图标，看书，而不是打开五花八门的 App 就顺理成章了。现在，我在手机上读的书每年不少于 10 本。碎片时间的使用为我完成每年读 30 本书的目标助力了不少。

还是说说李鹏吧。通过时间记录表，他发现，自己在公交车、地铁上的时间几乎全用来看"快餐"网文了。如果他享受这种慵懒的阅读也就罢了，可他却不这么想，他认为大片可以利用的时间被偷走了。

"那你不看网文不就行了？"我问。

"车上噪音大，听不清，只能看网文。"他回答。

我很疑惑："那你也可以看你平时读的文章啊，什么 VC 风投、小说，还有那些我都看不懂的名字很牛的书，为什么非要读网文？"

"我有点晕车，网文图多、看起来简单。"

"那你为什么不自己开车，听有声书？"

"自己开车耗油太猛，又堵得慌，还要交停车费。"

我有点噎着的感觉，想了一会，才接着问："那……买副降噪耳机怎么样？车上听点儿音乐，听点儿有声书。"

他想了一会儿，说："呃，有点贵。"

我终于找到了他的逻辑漏洞 —— 对一个不甘庸碌，又没有饿肚

[①] 亚马逊旗下的电子书阅读平台。

子的人来说,有多少东西比时间更值钱?①

我让(或者说是武力威胁)他写一句话:"我用一年多读10本书的机会换来了购买降噪耳机的1000块钱,我觉得值!"我递给他一张卫生纸,又找球场老板借了支笔,他乖乖照做了。

看着自己丑丑的字,他像是在思考。

"你真适合当推销员,"他说。两个星期后,他告诉我,他已经在车上听完了一本书。

你的故事当然和他的不一样,即便是同样的情况,也可能有其他选择:租离公司近的房子,或者干脆把手机阅读器的字体调大。方法有很多,只要找到一个新的、对你有意义的事来代替原来的事就行。

把坑填上

另一种"硬汉"策略是"把坑填上"。简单来讲——让那些导致你花费大把时间又不是必不可少的东西直接在眼前消失,让自己够不着。这需要一定的意志力,而且,你必须没有对它形成依赖。

所谓依赖,是指"不做总感觉少了些什么"。如果你打游戏成瘾,哪天让你突然用打游戏的时间看书,你肯定会边看边想着游戏,效率低不说,还浑身不自在,因为你的欲望正在撕扯你的身体。要是你对某件事有这样的感觉,就说明你已经形成了依赖。这时,想办法不做是白费功夫,你一定会忍不住。"解药"在下一

---

① 可能还是有很多,但绝不是只值一副耳机的钱。

章会给到。

好在，碎片时间中没有形成依赖的情况更常见：闲下来总是忍不住刷短视频、等人的时候先打一局游戏，结果让别人等了半个小时（我就遭遇过）、睡觉前一刻想起看一小段没看完的剧，结果一看就看到了凌晨两点。这些事，一旦去做就停不下来，时间很容易被消耗掉；你不做吧，手机就在眼前，心里总有点痒，但也没有"浑身不自在"这么夸张。

有一段时间，我迷上了看《神探夏洛克》系列剧，看完又从头看，每天闲下来就忍不住点开，一看就是一个多小时。我觉得这没什么，然而我经常在晚上 7 点到 9 点想看，这可是我一天的黄金时间。我先评估了一下自己是不是看上瘾了，发现没有，只不过是"一看就上瘾"。为此，我把手机上的视频 App 给卸载了。

因为还没有形成习惯，这样做也没有太大的不适。只是偶尔闲下来的时候，会忍不住在手机里找它，然后反应过来——现在只能在电脑上看。这样，我就把吞噬我碎片时间的东西赶跑了。我有个朋友，一闲下来就刷微信朋友圈，后来，他干脆上网搜了"隐藏朋友圈"的方法，直接隐藏了朋友圈，想看也看不着。

不过你肯定知道，要是我们真想看的话，还是看得了，只不过很麻烦，而麻烦才是关键。人想做一件事的时候，一旦遇到麻烦，因为人性的懒，很多时候就会干脆不做了。

但别高兴得太早，虽然这个策略听起来很不错，但我还是得告诉你一个真相：即便我们卸载了软件、屏蔽了朋友圈，最终也只能是"暂时有效"，时间一长，我们往往还是会按捺不住，把它们找回来。人性总是变化多端，这会儿觉得坚持很容易，过不了几天心又痒痒了。

所以，我们也要学乖一点儿，不要强行在自己想把软件重新装回来的时候阻止自己，而是保持一个"卸载—下载—卸载"的动态平衡。以前，你每天都在它上面花两个小时，但现在，通过不断地"卸载—下载—卸载"，一周也就只有两三天花在它上面，平均下来，每天能省出一个多小时。即便你没能"绝对自律"，收益也还是不错的，别给自己添加太多不切实际的要求。

而时间就是一个容器，我们做的事就是各种各样的液体。若这段时间不做这件事，便一定会被其他事情代替。所以，在我们想办法把坑给填了后，必须要思考拿这些时间做什么。

之前的碎片时间被我们无意义但愉快地用掉了，所以，这些事情被我们剔除后，"补位"的事情也不能太辛苦、太耗费意志力。反差过大，容易让我们重蹈覆辙。循序渐进，换一些简单、相对更有意义的事情做就行了。

碎片时间分长短和优劣。长的碎片时间一般在 15 分钟以上，优质的碎片时间一般是没有压力或不受打扰的，这两个特点组合起来，即"时间长"且"质量高"的碎片时间，就是好的碎片时间，比如吃饭和洗碗间的空闲、出租车上的小憩等。而剩下的碎片时间（时间短的或受打扰的），都算差的碎片时间，包括地铁上的时间、工作的间隙等。

针对这两种碎片时间，我们有不同的利用方式。腾出可利用的碎片时间后，就能按相应的策略执行了。

好的碎片

好的碎片时间主要用来处理高耗脑、高耗能的事情。

它的时间长,你的状态又相对轻松,利用方式应该类似使用整段时间的方式。利用好的碎片时间,最重要的是提高效率,这一点我们之后会讲。现在先说这段时间里应该做的事:高质量阅读、处理清单、思考规划以及培养习惯。这四类事不是全部,但已经涵盖了大部分内容。

高质量阅读需要有"热身期",进入状态就得花几分钟,阅读时间少于 15 分钟的话,吸收的知识就不够有深度。查理·芒格在机场等飞机或在餐厅等人的时候都会选择看书,所以他才会说:"我读书之多,沃伦读书之多,可能会让你们吃惊,我的孩子都笑话我是一本长了腿的书。"这些时间就算单用来读书、读文章,一年"至少"也会增加几十万字的阅读量。

第二类利用方式是"处理清单",这很容易理解。清单上的事都是你 72 小时以内要做的事,而且随时都可能有新的事情填进来。所以,利用好的碎片时间,可以先处理掉对我们状态要求比较高的事情。

第三类是思考规划,这项每天必不可少的任务却被大多数人忽略了。我们之前讲过"生命之花"和 OKR,可以利用这些方法,思考一下自己的状态、离目标的距离,还可以规划一下要做的要事,在大脑里创建整个过程。比如,你下午 3 点要参加一次面试,这时就可以想一想面试官会问什么、说什么,自己该怎么答,要注意哪些方面的问题,等等。

最后一类是"培养习惯",要知道,好的碎片时间是培养习惯的黄金时间。如果你刚开始培养习惯，完全可以在这段时间完成，用得好的话，根本不需要找额外时间来培养。我大学时背单词的习惯就是在午饭后和午睡前这 20 分钟的间隙养成、强化的。

把好的碎片时间利用起来，你每天的收获就会让你惊喜。

差的碎片

这类碎片时间最好只用来做一件事 —— 休息。

休息，是和效率、健康、舒缓压力密不可分的。教人们工作的书很多，但教人们休息的却很少。合格的健身教练都知道，如果你今天练了肱三头肌，下次对它的训练至少要在三天以后。因为如果得不到充分的休息，因锻炼而被撕扯开的肌肉就不会愈合，新的肌肉也不会长出来，你非但不会变强，还会越练越弱。休息的作用，不亚于刻苦的锻炼。

生活中也是如此，我们的工作、学习是锻炼，锻炼时会损伤"肌肉"—— 意志力、精力等，而碎片时间的休息正是恢复这些肌肉的需要。它们在整段时间被耗费，得靠碎片时间补回来。

但可惜的是，很多你以为的休息只会让你更累。

在《时机管理》一书中，作者对那些不算休息的事列了一个清单，你可以对照一下：看书、看电影、玩手机、自拍、脑子里还想着工作……总之，一切消耗精力的事情都不算休息，而只会让你更累。

那么，做哪些事属于休息呢？就是一切不消耗精力的事：发呆、深呼吸、冥想、听歌、跟周围人聊天、散步、运动一小会儿（这里的"运动"不是指让你大汗淋漓的那种运动，而是像肩颈放松之类的舒缓运动)等,做这些事情才是真正的休息。

我还曾思考过,既然不耗费精力就算休息,现在线上聊天软件越来越多,在网上聊天算不算休息?或者刷视频呢?它们似乎都不用费脑子、花精力啊。

答案是:绝对不算。

线上聊天可能算作例外,但刷视频这件事充满了瘾性,《欲罢不能》一书中有一个理论,大致是讲频繁刷视频、玩游戏会获得短暂的快乐,但从长期来看,可能会引起大脑多方面功能的下降,说得通俗些,就是人会变傻。再者,这些活动本身就费眼睛、累脖子,眼睛得不到休息,脖子还要继续承担重负,当然算不上休息了。

可我也知道,让人在碎片时间里不玩手机、不看网文是不可能的,它们本来就是我们生活的"微光"。所以,我们只要做到减少碰手机的频率,增加真正休息的次数就行了。至少保证在差的碎片时间里先简单活动、放松几下,再去碰手机。比如,我经常强迫自己先深呼吸几下,活动个几分钟,再玩一玩手机、看会书。而如果一碰就停不下来,"极小动作法"和"第三人称视角"也能够派上用场。

最后,针对"碎片时间",再送给你一个好用的小技巧吧,我把它叫作"缓冲带"。

在你打算消遣时,先设想:我会在多久后停止?得到一个时间后,再问自己:最晚多久必须停止?比如前者是5分钟后(最好是具体时间,如19:24),后者是10分钟后(19:29),那么,第一个"5分钟"就是一条缓冲带,当你消遣超过5分钟时,就得提醒自己该停止了。两个时间的交界地带就是你不断提醒自己停止的时间。这招对玩手机很有效，有了这条缓冲带，你在"最晚截止时间"停下的概率会比你单纯使用极小动作法大得多。

第11章 "黑洞"管理
"时间黑洞"是什么,以及怎么做

在上一章,我们聊到过一个思路:把坑填上。强制性砍掉那些还没让你形成习惯却吞噬了你大量时间的事。但是,如果你已经形成习惯了呢?那便需要看这一章的内容了,它讲的也是与本书第一章相对的管理技能:"黑洞"管理。

所谓"时间黑洞",就是指坏习惯,因为它能吞噬你无限的时间。如果你追剧追过了头,每天看好几个小时,怎么说都是在挥霍时间。把这些时间拿出一部分来做别的,比如读书、运动、学习,日积月累,总会有丰厚的回报,但要是养成了坏习惯,损失可就大了。把坏习惯铲除,你会有更多时间做有意义、有价值的事,或者说,会有更多时间改变。

可惜,比起培养一个好习惯,铲除一个坏习惯的难度更大:培养好习惯是在一片空地上盖高楼,只要循序渐进、根基稳固,盖好不成问题。但铲除坏习惯却是在没有炸药的情况下把一栋楼给拆了。而且,比起你新搭建楼,要拆的楼更大、更稳固,因为我们从来都不会想戒"好习惯",只会想戒"坏习惯"。坏习惯形成的原因,或是人性的七情六欲,或是在上瘾的基础上反复铭刻。可以说,这栋楼连窗玻璃都是防弹的。

大多数人想戒的习惯包括：拖延、久坐、贪吃、发脾气、吸烟等，你会发现，它们当中没有一样不与人性或上瘾有关，有的还交织在一起：拖延是面对压力的正常反应，久坐是因为人做事有惯性，贪吃、发脾气对应了人的欲望、情绪。这当中，吸烟最特殊。你告诉一个人，如果他继续吸烟的话，会因为肺癌而在某岁数时死去，他可能会戒烟，但也有可能劝说自己"人生苦短，把烟言欢"，看轻生命，直到临死前几年才后悔，但那时已经晚了。造成这种局面的原因，一方面是尼古丁的瘾性太大，还有一方面是人的"跨期偏好"倾向影响：人总是弱化长期收益，强化短期收益，即便长期收益是生命也不例外。

对抗坏习惯绝非易事，而最好的方法就是把它扼杀在温床上。

逆向思考

我们真的该学习一下查理·芒格大力推崇的"逆向思考"技术：你想做成一件事，得先想想怎么做会失败，然后避免做这些事。吴军[①]老师说的"成功并不难，在于少犯错误"也是这个道理。至少在对抗坏习惯方面，避免养成坏习惯才是一流的策略。

避免酗酒、吸烟、吃得太饱、服用化学致幻剂，使这些可能形成的坏习惯没有形成的土壤。当你养成一个坏习惯后，再想去戒，难度、付出的时间以及给你造成的损失都呈指数级增加。

不要总是在坏事发生了之后才想办法补救。我们都听说过"亡羊补牢，为时不晚"的故事，但若是早早地把围栏修好，狼根本就

---

① 硅谷风险投资人，著有《见识》《文明之光》《浪潮之巅》等。

不可能吃到羊。况且，铲除坏习惯可没有修围栏那么容易。避免染上坏习惯，不仅省时、省力、省钱，最根本的是能帮你免除坏习惯对你的伤害。

我曾有过晚睡的坏习惯，通过晚间二分法和坏习惯铲除法，现在能做到一周 5 天按时入睡。你可能觉得还不错，但在有晚睡的坏习惯之前，我从来都是每晚准时上床。晚睡在很长一段时间里给我的身体、精力造成了不好影响，这个伤害至今也没有完全抹除。

所以，避免形成它吧，当你感觉自己想做可能养成坏习惯的事时，告诉自己别这样。对于这一点，请一定要试试"第三人称视角"。

为什么"培养习惯"和"铲除习惯"两项看上去这么相配的技能，前者是时间管理的核心，而后者不是？因为避免养成坏习惯才是"铲除习惯"中最重要的环节。如果你能避免养成强的坏习惯，对于弱的坏习惯，就不必过分纠结了。

坏习惯的分类

也许你觉得上面写得有点沉重。那让我们轻松一点吧，你八成会有想戒的坏习惯，这个坏习惯属于哪一类呢？有的坏习惯难戒，有的戒起来却相对容易。

请确定你想戒的坏习惯，并按照以下步骤评估。

（1）回忆或测试。当你下意识地想做这个坏习惯对应的行为时，你能"连续"忍住几次？以吸烟为例，如果你下意识地拿烟出来时，能在点火之前把烟塞回去，就算忍住了一次。如果第二次没忍住，则次数就是一次，依此类推。

最好花一两天时间多测试几次。

（2）经过多次测试，如果没忍住的平均次数≤一次，则视为"强的坏习惯"；没忍住的平均次数≥三次，属于"弱的坏习惯"；而如果以两次居多，就算"发展中的坏习惯"。这正好对应了一个规律：弱的坏习惯如果不经控制就会不断发展、变强，最终成为强的坏习惯。

针对每一类坏习惯，我们的应对方法也不同，但不论哪种方法都需要贯穿"循序渐进"的原则。

怎样对付弱的坏习惯

这类习惯比较容易戒掉，这种情况通常发生在你刚染上这个坏习惯不久。如果你有这个坏习惯一两年了，它却还是一个"弱的坏习惯"，那你就可以考虑一下是不是真的需要把它戒掉。如果它对你影响不大，又能在必要时让你过把瘾，那就可以不戒。但如果刚染上，最好还是趁它没发展的时候将它铲除。

方法1

第一个方法在《如何想到又做到》这本书里被称作"极度容易"，通俗一点说就是"刻意找碴"或者"增大阻力"，我们在上一章其实也提到过。当你有了一个弱的坏习惯，先找到它的构成因素：吸烟包括烟和打火机，发脾气包括"情绪无法消退"和让你发火的人，任何行为基本都有构成因素，或者说前提条件，而这个方法就是改变至少一个前提条件。

如果你想戒烟,并能在拿出烟来之前控制住自己,那就试着把打火机藏起来,藏到一个不容易摸到的地方(藏的地方最好不断变化),背包的最内层、书架的顶端、满是票据的抽屉……都可以。你知道它在哪儿,但找起来很麻烦。很多时候,你就会放弃。

同理,如果你想收敛脾气,那就用极小动作法,先离开让你生气的地方,或者低头慢慢系个鞋带。这些行为改变了形成坏习惯的前提条件,让它不容易实现。但是,要注意循序渐进,先让它不容易实现,再让它很难实现。

小王想戒烟,开始是把打火机藏起来,后来在藏打火机的同时干脆只带一根烟在身上。每当他想吸烟时就提醒自己:只有一根烟了,省着点!就算还是忍不住,打火机却很难找,吸烟的可能性就更低了。

但是,如果他一开始就既藏打火机,又只带一根烟,便很可能彻底点燃自己的欲望。他会想:"唉,不就抽根烟吗,有什么大不了的?"干脆放弃与戒烟的抗争,并越抽越多。这是因为将瘾性过度压制后,如果没绷住的话,瘾性通常会变得更大。

心理学研究表明,人在面对压力的情况下更容易染上坏习惯。如果你的目的是戒掉坏习惯,却又给自己施加了很大的压力(我要很快戒掉它),就会出现一个悖论:你越想戒掉一个坏习惯,戒掉这个习惯的压力就越大,而更大的压力反而会导致坏习惯的强化。一开始就给自己高压,结果只会更差,甚至比改变前还糟糕。

坏习惯是只多动的青蛙,你用滚烫的水浇它,它会马上跳到你脸上,给你一脚。而慢慢来、循序渐进,就是把它放在温水里,渐渐把温度升高，一点点把它煮熟。

时间管理和戒坏习惯一样：你越对自己要求高，越想尽快改变，就越容易停滞不前，甚至后退。你可能认为这是由人性、情感造成的，只要克制住它们就行了。但事实上，《社会动物》一书中引用过一项研究：那些极度理性的人，生活都是一团乱麻，大多数还是反社会分子，毫无同情心和爱。人性的优点肯定多过弱点，我们要做的只是顺应它，也只有顺应了人性，才能把握好时间。

方法 2

第二个方法叫作"简单联想"：把你想铲除的这个坏习惯和你讨厌的人、事、物或者经历联系起来。我们都听说过"爱屋及乌"，反过来，我们也会"厌屋及乌"。让我们联想起讨厌的东西的习惯，也多少会被我们主观排斥。

澳大利亚为控制吸烟率，曾规定香烟包装盒的颜色只能用"鸡屎黄"色，这是最令人讨厌的颜色之一。另外还规定必须在烟盒上印上一两张恶心的图片，但只是看起来恶心，和"吸烟的后果"没有任何关系。但从那以后，澳大利亚的吸烟率和人均吸烟量大幅下降，许多人看到这个包装就不想吸烟了，他们受到了"厌屋及乌"的影响。

图 11-1 所示为澳大利亚某些烟盒上的图片。我选的这些图片算是"仁慈"的了，但说实在的，吸烟和这些图片几乎无关。

图 11-1　烟盒的图片

你也可以这么做，如果你染上了发脾气的习惯，那就把"下等人，没本事，有脾气"当作手机锁屏壁纸；或者回想一两个你很讨厌、瞧不起却又爱发脾气的人，发脾气前提醒自己，自己要是发脾气，就和他们无异；再或者回忆一下某次发脾气带来的让人难受的后果。通过这种简单联想，你就能有效地遏制乃至最终戒掉坏习惯。

方法 2 可以和方法 1 一起使用。

如何对付发展中的坏习惯

这类习惯已经有点锁住你了，所以，你也需要转变思路。我们的目的不再是戒掉它，而是把它降成弱的坏习惯，再按照对付弱的坏习惯的方法解决它。不经限制、削弱，坏习惯就会野蛮生长。而如果先压制住它，让它生长不了，它自然会越来越弱。想办法压制住它，才是对付它的头等大事。

压制的方法便是"规定时间"。定一个时间段,强迫自己只能在这个时间段去做这件事。通过逐渐减少规定的时间,逐步压缩坏习惯的生存空间,最后再把坏习惯解决掉。

比如,我的朋友林清是一个"中度游戏迷",经常玩着玩着就忘了时间,但有时他又能克制住自己,不去玩游戏。我让他先回顾一下自己每周花在游戏上的时间,他想了一下,说:"10个小时。"

"那么,你一天最多能玩多久?"我问。

"两三个小时吧。"

"这样,你规定在一周的2~3天可以打游戏,剩下的日子不能打。时间尽量不要隔得太久,隔得太久不容易控制住。"我告诉他。

我俩继续探讨了一会儿,得出了星期一、星期四、星期六这三天可以打游戏,其他日子咬牙忍住。我还告诉他,即便在能玩的时间,也最好控制在3小时内,并教给了他"极小动作法"。

两周下来,他坚持得不错,似乎还很轻松。我让他开始尝试每周只留两天玩游戏,循序渐进、逐步加大难度。他便选择了星期二和星期六这两天玩。这样一来,他每周玩游戏的总时间降到了5小时左右,相较一个月前,被坏习惯吞噬的时间少了一半。

再后来,他可以尝试一周只玩一次游戏了。我看他自制力不错,就推荐他在每周玩两次游戏的基础上,再用对付弱的坏习惯的办法行动。他按照策略,把游戏软件卸载了,每次想玩游戏都得重新下载。如果他在外面手痒忍不住想玩游戏,还得花买流量的钱,这就让他玩游戏的习惯更难持续。又用了大概一个月,坏习惯更弱了。再不久,他就彻底戒掉了打游戏的习惯,这算是一个不错的改变。

但是,他听朋友的话,第一次体验这个游戏时只花了5分钟。

强的坏习惯的内涵

对付强的坏习惯,这是最差的情况。

假如坏习惯已经严重干扰了你的生活,对付它的最好办法是寻求靠谱的心理咨询师的帮助。别心疼咨询费,这时候靠自己来戒除,不仅不是最好的办法,还可能是最差的。不过,如果只是一个强的坏习惯,对生活、工作有影响,但没到"严重影响"的地步,倒也可以试试自己来解决。

正所谓"知己知彼,百战不殆"。既然你的坏习惯很强,那就得先了解它,挖掘它强的原因,即它的背后隐藏着什么。如果一个坏习惯刚养成就迅速变强,就更值得挖掘。

没人不知道台风,它极具破坏力,刚一侵袭陆地便风起云涌,所到水域波浪滔天。但是,就算再强的台风,它中心的"台风眼"却始终风平浪静 —— 经常是晴空万里的好天气。从卫星云图上看,除了中心的一个点,周围全是墨白色的旋转云团,那是巨大的风暴。

若把我们比作一场台风,你就会发现,不论我们再怎么变化,变得伟大也好,渺小也好,都是台风眼之外的东西在变。而台风眼里的东西始终不变,那里是情感与人性。情感特征每个人都不同,但人性却大同小异:欲望、自恋、贪婪、攻击性、鼠目寸光等。虽然每种人性在不同的人身上程度不同,但作为一个正常人,这些人性一定是全都具备的。

既然如此,这个强的坏习惯是不是对你人性的一种满足呢?

别小看这个问题,有的人戒了一个坏习惯又养成一个新的坏习惯,是因为他并没有注意到问题的本质:他在改变习惯,却没有改变对人性的掌控力，因此当他的人性失去这个坏习惯作为载体，又会找一个新的。

一个文质彬彬的瘦男人总爱冲家人发脾气，对上司的批评却只敢点头哈腰。他尝试戒掉对家人发脾气的习惯，却越来越不快乐，甚至有得抑郁症的倾向。这是因为人有攻击性，有攻击他人的需求，包括言语的挑逗、肢体的碰触，或者大吵一架、大打出手。一般对于刚交的朋友我们会礼貌相待，熟了之后就会调侃、挖苦，这是在向对方释放攻击性，因为对方承受得住。

那个男人没有注意到，自己话少，受的气、压抑的攻击性没法释放，只有在对家人发脾气时才能释放一些。而戒掉这个习惯意味着他的攻击性没法释放了，就只能向内转，攻击自己的内心，因此他会抑郁、焦虑。这也是为什么"微笑抑郁"[①]这么普遍，这些人在对外界始终笑脸相待的同时，本该释放的攻击性无法得到释放，转过来攻击自己，导致自己抑郁。

所以，坏习惯也不一定那么坏，当你看到坏习惯背后的人性需求后，说不定还会同情它背上"坏"的骂名。一个强的坏习惯，背后八成隐藏着各种各样的人性需求。想戒掉强的坏习惯，最需要做的，就是先"洞悉人性"。

问自己：我的坏习惯是否是因为××（一种人性）的需求导致的？

在今明两天时不时问问自己，直到得出一个答案并论证。论证的方法就是找一个满足同样人性需求的"正面"的事做做看，看两件事

---

① 抑郁症的一种，他们表面微笑，内心痛苦。在他人面前表现得很开心，内心却承受着抑郁的伤痛。

是不是此消彼长。那个瘦男人在意识到发脾气的背后是"攻击性"后，去和几个不太熟的朋友打了场篮球。回家后，他发现不论妻子说什么他都能忍住怒气。方法好像找对了。如果没有，就再思考、再找就行了。

找到后，在戒这个坏习惯的同时，也要开始培养一个好习惯：一个能替代要戒掉的坏习惯，满足它所代表的需求，并对你有利的好习惯。那个瘦男人在戒发脾气的坏习惯的同时还做了两件事：一是在被上司指责时使用"第三人称视角"，在义正词严地骂回去和忍气吞声之间做出了选择，成功地对上司释放了攻击性[①]；二是开始培养健身的习惯，每天都要举铁、卧推，时不时锤两下沙袋，这也帮他释放了攻击性。慢慢地，他几乎不对家人发脾气了，事业和身体也更好了。

所以，面对强的坏习惯，要先看清自己的人性需求，找到替代物，再尝试戒掉它。

怎样对付强的坏习惯

还是利用循序渐进的原则。对付强的坏习惯，得先把它削弱成"发展中的坏习惯"，再降为弱的坏习惯，最后，才可以彻底戒掉它。

纪元老师曾用一个方法帮助他的学员戒掉了看美剧成瘾的习惯：那个学员每天都看美剧，而且一追就整宿不睡觉。他也想克制自己，但一看就上头，根本无法克制。

虽然其中有放松、娱乐的需求存在，但更多是纯粹的"上瘾"，

---

① 一般有理有据地骂人，会让被骂的人和周围的人事后更加佩服你，但前提一定是"有理有据"。

他被利用人性特点写成的剧本和挑选的演员吸引，无法自拔。戒掉它又染上另一个坏习惯的可能性不大，毕竟，他只是被瘾性给钩住了。

纪元老师的方法和我的不完全一样，我还是说一下我反思、验证后的方法吧。

每周给你戒掉坏习惯的情况授予金、银、铜三种等级，等级根据日历上的记录来判断：如果你今天忍住了，没有去做这个坏习惯支配的事，那就在日历上打钩（√）；如果没忍住，看剧之前，先打一根斜杠（/），如果打完斜杠后不想看了，就把斜杠变成钩，如果还是看了，就不变；如果在看剧之前没有先记录却还是看了就打叉（×）。

一周下来，记录一下戒掉坏习惯的情况：有两个钩就是金牌；有一个钩或者斜杠数大于叉数就是银牌；没有钩，叉数大于斜杠数就是铜牌。在着手戒掉坏习惯的时候，这是你唯一需要做的。

图 11-2 所示为我戒追剧习惯的日历。

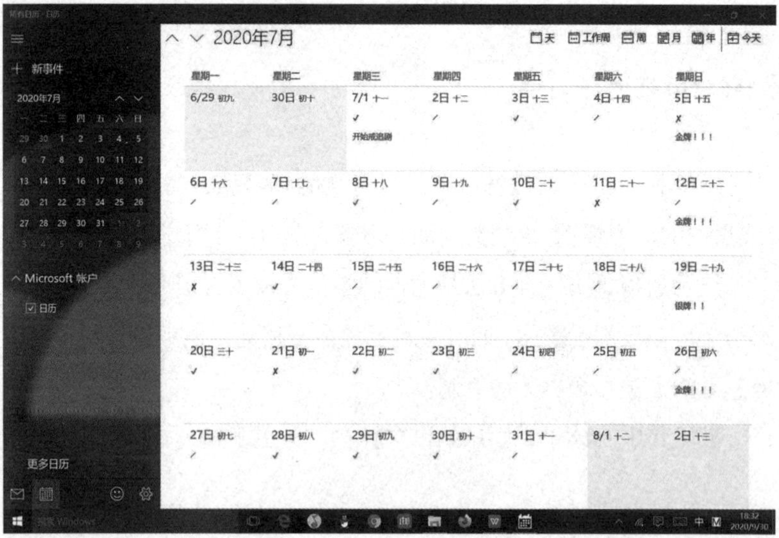

图 11-2　我戒追剧习惯的日历

从第二周开始（可能第一周你就像打了鸡血一样，所以表现比较好），当你连续拿了两个金牌的时候，就把它当作一个"发展中的坏习惯"，一周安排 3~4 天固定的时间做坏习惯对应的事，其他时候消耗意志力挺住。

别忘了，你的目的不是"戒掉它"，而是"弱化它"。通过记录，你就能知道自己对坏习惯的把握程度。而这时，一个很小的改变都能给你很大的惊喜，给你带来动力：这周得了金牌，下周保持哦！得金牌并不难，却能激励你继续坚持下去。

除了金牌，银牌也有不小的激励作用。要得银牌，你就必须在要做坏习惯支配的事之前停一会儿，先打开日历，画条斜杠。"极小动作法"早就告诉我们：停一会儿能产生很大的魔力。先画一条斜杠，就能降低你去做的可能，从而渐渐增强你控制坏习惯的能力。

那个学员开始记录后，第一周有一天没看剧，得了银牌；第二周，他继续奋进，有两天没看剧，得了金牌。这说明他控制坏习惯的能力增强了——在简单的记录中一点一点增强。随着掌控能力的持续增强，他进入了下一阶段，把坏习惯不断弱化。最后，它成了一个仅供娱乐、微乎其微的"坏习惯"。其实，那时候它已经不是坏习惯了。

特殊的坏习惯

上述三个应对不同程度坏习惯的方法适用于绝大多数坏习惯，如晚睡、追剧、打游戏等。但也有例外，比如抽烟。如果它是一个强的坏习惯，几乎没有一个老烟民能做到一天不抽烟，也就拿不了"金牌"，那他们怎么戒？

就和我在"核心方法"中讲的一样,重点不在于我给了什么方法,而在于你如何去反思、验证其中的规律,思考出应对你问题的策略并施行。戒掉坏习惯的方法无非依靠了三个规律。

(1)分阶段,对症下药。

(2)循序渐进,从易到难。

(3)利用记录、限定等方式激励自己,并提高对坏习惯的掌控力。

根据规律,关于戒烟,我想出了如下这个方案。

(1)首先,记录自己每天吸烟的量,如果记录的量在××根(按自己情况写)以内,就打个钩;在××根以外,打个斜杠;如果忘了记录,打个叉。这一步是强迫自己记录每天吸烟的数量,从而在心理上起到克制自己的作用:我已经吸了××根,尽量不要再吸了。

(2)按照这节讲的模式颁发金、银、铜牌,等第二周以后连续得了两个金牌后,就开始第二阶段的戒烟行动:强迫自己在一天中的几个时间段抽烟,比如早上9:00-10:00,中午13:00-14:00,再加上下午、晚上的时间。效果不好就降低标准,增加时间,反之则持续削减时间。

(3)当时间段被削减到一天两小段之后,就可以在此基础上藏打火机、烟盒,或只带一根烟在身上,并把吸烟与你讨厌的人、事、物联系起来。最后,等火候到时把打火机扔了、烟送人,彻底戒掉这个习惯。

戒坏习惯的方法你已经了解了,而Ⅱ段也同时结束了。恭喜你,现在,你已经掌握了日、月、晨、晚、周、碎片时间的管理法,学会了避免时间黑洞,即戒掉坏习惯的方法。不过,还是那句老话,自律也好,时间管理也罢,都是技能,而非知识。只有去用,才能有用。掌握了认为有道理的技能却不去练习、使用,意味着你又浪费了不少时间,但我相信,你不会这样。

长期能力锻造

第12章 发展
请不要再为"生涯规划"交智商税了

讲完碎片时间、日、月的管理,按道理,接下来会讲季度或者年的管理了,但我倒认为,什么季度管理、年管理或者"生涯规划",在当下,都是无用的。

我们之前学的各种管理都可以促进习惯养成,到最后你会无意识地做到。唯一需要你有意识完成的只有月管理,而通过生命之花和 OKR 也能帮你减少规划、调整行为的次数,增加你的收获,比起不做规划,反而节省了时间。这一切是为了帮你腾出时间、精力和意志力去做实事。

频繁规划、管理是没意义的。有句话叫"越不会管理时间的人,越爱学习时间管理",这是一句真理。管太宽,不仅浪费时间,还会让多种思路交织在一起,变得混乱。年计划告诉你应该把重心放在升职上,但 OKR 告诉你应该离开这家公司,你会怎么办?最后,你一定不会按照最初的计划走。

所以,学了月管理,就别再想什么季度、年的管理,别把时间管理搞得太复杂,也别把自律想得太复杂。我们是人,又不是机器,不需要太精确的算法。

而且,就算我们能像机器一样,时间管理到月之后,也很难继续进行了。一是世界变化越来越快,二是时间越长,不确定性本身就越大。如今,普通公司平均寿命不到7年,有的工作岗位不到3年就"消失"了。任何计划,只要时间跨度大,就一定赶不上变化,我们不可能再像做月计划那样,对自己的方向或该达成什么目标有一张清晰的地图,这也是现在一定不要做"年管理""生涯规划"的最重要的原因。

而那让长期规划失效的、一切变化的根源,叫作"时代"。

赶上时代的方法

时代发展变化莫测,但这也并不意味我们不该做长期规划。只是,我们不必像以往一样规划,而是保留一个对职业的"大愿景"就够了。研究发现,85%的富人和3%的穷人都会有一个大愿景,比如"成为最出色的钢琴家""开一家米其林星级餐馆"之类。大愿景的作用,在于当你同时遇到几个机会不知道选哪一个时,提醒你该如何取舍。

比如,你想成为华东地区最好的调酒师,可以去新西兰进修,也可以花一半的钱在上海学习。有了大愿景的指导,你更可能会选择前者,选择离你的大愿景更近的机会。

当你有了大愿景后,也会不自觉地联想出小愿景。当你看到马路上飞驰而过的玛莎拉蒂时,会自然而然地暗示自己"我将来也会买一辆";而当你着手做一个项目时,又禁不住会想"怎么用这个项目来接近我的梦想?"小愿景不断在变,不需要刻意规划。你只需坚定一个大愿景就行。我们之前说过,长期规划不可能有地图,但可以有指南针。大愿景就是你的指南针，指引着你在正确的航道行驶，及时调正偏离了的方向。

除了大愿景外，长期规划没有别的用处。还是那句话，再好的规划也很难赶上时代的变迁。你可能做了一份 10 年规划，刚过了 3 个月就发现自己的规划与时代发展背道而驰。你有你的计划，但世界另有计划。你认为，你的计划能和世界的计划一直保持一致吗？

如果不能，我们就不得不明白：除了抛弃不切实际的规划外，即便是大愿景，也并非一定要成为现实。它不过是用来提醒我们"初心"在哪儿，是帮助我们选择的工具。也许这么说有点残忍，但几乎没有人能琢磨透世界与时代。我们要接受现实，而不是忽略它，一味去做年规划、生涯规划。

而反过来，我们要学会"见风使舵"，有机会就上，有风口就扑，做到以快制胜，这才是最好的策略，也是唯一赶上时代的途径。润米咨询董事长刘润说："没有好的企业，也没有差的企业，只有时代的企业。"一家企业、一个人能否成功，很大程度取决于其是否能跟上时代的步伐。我们需要等待时代给予机会、磨炼发现的双眼、培养行动的能力。自律做得再好，也只能帮助我们完成最后一项，剩下的，还得靠你自己。

赶上时代的态度

上述内容或许有些悲观，但情况其实也没那么糟。虽然我们没有赶上时代的方法，但有赶上时代的态度。不论时代如何变化，保持好的态度总是我们能做到的，这也是比方法、规划更重要的。态度是我们的底层思维模式，我们总在不自知的状态下被它影响，却几乎被它决定了人生的走向。

小时候，老师批评我们时经常会说："你不是傻，也不是学习方法有问题，而是态度有问题！你的学习态度不端正！"那时，我觉得这是句套话，但现在看来，它却实实在在指出了问题的核心：大多数人学习成绩不好的确是态度问题，他们只是排斥"学习"这件事，而不是没有好的脑子、方法和老师。

在职场，态度也一样重于方法。不少聪明人都很穷，归根结底，不是他们找不到发展、挣钱的机会，而是对待事业和金钱的态度出了问题，没有合理的事业观和金钱观。最典型的现象是，一边说"钱多钱少都一样""钱多了也会给人带来烦恼"，一边又为了微薄的工资起早贪黑。这就是态度的问题。只有先培养好的态度，获得好发展的可能性才会大。

好在，在长期规划中，重要的态度无非就两个：第一个是坚持，第二个是遏制。

长期主义

爱彼迎 CEO 布莱恩·切斯基和亚马逊 CEO 杰夫·贝佐斯曾坐下来聊天，聊着聊着，他们发现，对方的偶像都是巴菲特。

切斯基问贝佐斯："你认为巴菲特给过你的最好的建议是什么？"

贝佐斯说："我曾经问巴菲特，'你的投资理念很简单，为什么大家不直接复制你的那套做法？'巴菲特回答：'因为没有人愿意慢慢变富。'"

这就是大多数人一生庸碌的原因。

谁都希望自己四十岁、三十岁甚至二十岁便赚足了钱，去享受生活。但你仔细研究那些所谓的"成功人士"后会发现，他们的财富几乎都是在40岁以后才快速增长。以巴菲特为例，他99.8%的财富都是在50岁后赚到的。在此之前，福布斯富豪榜上从没有过他的名字。

我们得承认，世界的节奏越来越快，你身边也会有越来越多"年少有为"的人：二十几岁就是上市公司总裁，三十多岁放下工作环游世界，过了四十岁便退休，追求"自我实现"。人们实现财富自由的平均年龄在缩小，有钱和变穷的速度也越来越快。但即便如此，有一点仍旧是确定的：

你不可能一夜暴富。

你不可能一夜暴富。

你不可能一夜暴富。

重要的事情说多少遍都不为过。

总有人看起来像一夜暴富：突然升职了，突然出名了，突然拿到500强公司的Offer。所以你也心痒痒，想着哪天自己也有这样的运气，接着，在之后的每一天，都咒骂命运的不公。

记得高中时，学校表彰全校前十名的学生，我自然只能在底下看。突然，念到一个名字，我旁边的同学站不住了，跟我说："这人上周还约我打游戏，结果他第八名，我一百八十多名。"

我心想：这种情况你难道第一次遇到啊？学生时代，"学霸"最爱做的事就是找人玩。你在学习,他说"学习,学个啥!过来玩"。你也看到他和你们玩,但成绩一下来,一个天上一个地下。那是因为你只看到了他玩的一面,根本不知道上课的时候他有多专心,周末在家又有多用功。你以为他学习很随意,实际上,他连每个知识点在书的哪个位置都烂熟于心,那些"一夜暴富"的人也一样。你以为他在和你交朋友,实际上,他只是在拓展人脉圈子,你只是他人脉中的一个节点;你以为他憨厚老实,实际上,你和他吃顿饭,他就把你的性格、地位和能够"榨取"的价值了解得差不多了。你以为他和你一样,实际上,他每一天都在超越你。

我们都知道"量变形成质变",这不是自然发生的,而是需要机会促成。有一天,时代的机会摆在你和他的面前,你以为你们实力相当,可以竞争,但他根本没把你算作对手,你最多算个陪跑者。最后,他拿到了机会,从量变到了质变,成了我们口中"运气太好""一夜暴富"的人。你我只能羡慕,幻想着下次自己也有那么好的"运气",然后继续重复这个过程。

但是,那些"一夜暴富"的人究竟做对了什么,能让他们如此不同?他们不是隐藏自己,隐藏是为了防止妒忌,而是他们自始至终都在坚持"长期主义"。

长期主义,不是"把好的留在后面",而是先有预见性地找准一个发展潜力大的领域,再在平时慢慢积累、进步,每天给予自己更好的改变,耐心地等待一个绝好的机会并抓住它,借助它的力量跳跃到另一个阶层。

大多数时候,长期主义者跟普通人一样,但他们在等待,等待长久才能到来的机会,并为得到这个机会而暗自努力。我们追求自律,不断改变,也是为了在每个平凡的日子多积累、多进步,一点点超越对手,最后凭借机会上轨。

而这需要等待的、源于时代的机会,就是"一夜暴富"的球网。我们所做的一切,都是为了把自己的球打过球网。非长期主义者的网球通常会被网拦下。即便是长期主义者,也鲜有人能打出一记漂亮的抛物线,使球越过球网。大多数时候,我们都是打出一记正好撞在球网顶部的球,因触网而弹起的网球究竟会落向哪一边,我们也不知道。正因如此,我们也得认清:自律不难,但成功终究需要幸运女神的眷顾。

我们能做的,就是尽我们所能,打出一记漂亮的弧线。

约拿效应

除了坚持长期主义外,发展的远征中,我们还得克服畏惧成功的心理。

人是矛盾的,《哈姆雷特》中"生存还是毁灭,这是一个问题"一句很有名,它的原话是"To be or not to be, that is a question",不结合语境翻译,应该译为"成为或不成为,这是一个问题"。它揭示了人矛盾的本质:一些善良、正直的人在看到有人被霸凌时会选择漠视,不是因为他们伪善,而是他们明白,也许他能为此做些什么,但也可能会受伤、失去生命甚至让挚爱陷入险境,这是他们不能承受的。

说到成功与平庸之间的矛盾，在"约拿效应"①中有极高的体现：人既渴望成功，过上自己想要的生活，又害怕成功，失去现在平凡、温暖和稳固的一切。每个人都有这种担心，只不过是程度不同。在矛盾中，我们会放弃选择更好的机会，或者放弃做选择。你一边抱怨世道不公，一边把到手的机会丢掉。

我的朋友刘云在一家证券公司工作，听说公司要选两名经理回本部，薪资和前景比目前好得多。唯一的缺陷是他们要离开生活了二十多年的城市，去一个陌生的地方。他的父母身体硬朗、思想开明，没有任何阻拦，他的同事也鼓励他试一试。但他找到上司，请他把即将上报给总部的、自己的名字划掉。

聚会时，他告诉了我个中原因。说这些话时，他看起来"悲喜交加"：悲的是近十年都可能因为这个决定而庸碌，喜的是保住了原来的生活。他看不见约拿效应，却任由它摆布。我时常想，要是人们不受它的影响，有机会就争取，人均GDP说不定要涨三分之一。

可惜，约拿效应与生俱来。我们能做的，只有提醒自己它的存在，带着忐忑不安的心态前进，时不时思考、丈量人生。但是，如果你受约拿效应的影响太大，像刘云一样，就得采取额外的措施了，不采取，别说什么"长期主义"，连到手的好机会也会白白丢失。

措施是告诉自己一句话。每当改变的契机来临，而约拿效应发作时就告诉自己：如果我不争取属于自己的人生，我将后悔终生。

---

① 约拿是《圣经》中的一位基督徒，他一直渴望得到神的差遣。终于，神给了他一个任务：去宣布赦免一座本该毁灭的城市。但约拿却逃跑了，不断躲避着他信仰的神。神到处寻找他，劝导他，惩戒他，甚至让一条大鱼吞了他。而他几经反复和犹疑，最终完成了自己的使命。

澳大利亚临终关怀护士布洛尼·瓦尔陪伴过很多病人走完生命的最后一程。在得知自己即将死去时，病人们通常否认、恐惧、愤怒、悔恨，但最后都会接受命运，平静下来，然后离开。不过，当他们被问到如果人生重来一次，他们会有哪些改变的时候，他们的答案几乎惊人的一致。

（1）我希望能过属于自己的人生，而不是按他人的期望而活（最常出现的答案）。

（2）我希望没有那么拼命工作（几乎每个男病人都如此说）。

（3）我希望自己更勇敢地表达自己的感受。

（4）我希望能多和朋友联络。

（5）我希望能让自己过得更开心。

这五条被布洛尼称为"人生五大憾事"。硅谷有不少投资人每隔几周就把这"五大憾事"翻出来看一下，以提醒自己，矫正当下的行为。在生命必将终结的情况下，我们每个人都应该尽量让这一生少一点遗憾。

而在这"五大憾事"中，被提出次数最多的就是"没有过属于自己的人生"：没有去自己想去的城市，没有冒自己想冒的险，没有闯荡一番，没有创立自己的事业，没有追求最爱的那个人。这些"没有"在我们的生活中似乎无关紧要，经历一次，最多抱怨两三天。而当生命的烛油即将燃尽，回顾一生时，你会发现，这些才是最重要的东西。

中国有太多家长，自己一生庸碌，没有过上想过的生活，给孩子买学区房、报补习班，把一切希望寄托在孩子身上，希望孩子能实现自己当年的愿望。而孩子呢，又把希望寄托给自己的孩子，一代接一代，每个人都会在生命结束前后悔：为什么自己当初不努力争取自己的人生？每个人的一生都会有那么几次选择梦想的机会，但他们从不去选，美其名曰"接受现实""接地气"，但最后的惆怅也只有自己能体会。毕竟，人只能活一次啊。

尝试选择你想要的人生，别放过机会。就算我们会害怕、会恐惧，会因为约拿效应而犹豫，也不要逃避，勇敢选择属于你的机会。人生的精彩还有很多，生活不只眼前的苟且，还有诗和远方的田野。

我们在规划什么？

态度说完了，让我们继续回到"长期规划"这件事本身。其实，从逻辑上讲，长期规划做不了，并不是因为时代变化快，而是因为我们规划的内容和变化的时代紧紧贴合在一起。把生命之花的 8 个维度"健康、家庭、事业、爱情、娱乐、财务、成长、朋友"列出来，你会发现，我们所谓的长期规划，几乎只围绕一个维度进行：事业。

长期规划的重心只有一个，那就是事业。

不是说其他不重要，而是只要用好月计划的生命之花和 OKR，除了"事业"这个维度，其他都能够安排好。不论是"健康""朋友"还是"财务"，用好 OKR 都不会让你陷入困境。只有事业，不仅是不断变化、难以捉摸的，还占用了你大半辈子的时间。用 OKR 来规划它，无异于用蚂蚱腿绊大象。

想清楚这一点，我们才可能进入更高的维度：困境。

大愿景和好态度，是大多数时候我们对待事业该有的做法。但还有一些时候，我们在事业中会遇到困难，我们不能再用大愿景来思考，凭好态度去解决，而需要改变策略。在Ⅰ段，我们提到过三种有针对性的改变方法："不想做""不会做"和第二序改变。用好它们，大部分问题都能解决，但还会有一些问题，不论你用什么方法、技巧，就是难以突破。

这种状态，可以叫"遭遇瓶颈"，也可以叫"触到职业天花板"，它是"事业"所特有的现象。假如你遇到了，恭喜你，你获得了一个可能会让你更加强大的机会。一旦突破它，你就能超越所有被"瓶颈"困住的人。但想要突破，你还必须掌握一个新的技能 —— 个人战略。

第13章 破局
你是自己的战略家

战略来源于战争,希腊语是 Strategos,意思是"将军指挥军队的艺术"。用这门艺术来破解事业困局,就不再是用蚂蚱腿绊大象了,说是用高射炮打蚊子还差不多。

不过,再次强调,我们并不是一定需要战略,哪怕是好战略,除非你的事业遇到了真正的困难。战略是工具,而促进事业发展才是目的。如果你的事业一帆风顺,节节攀升,要战略做什么?只有遇到困难、瓶颈,为职业天花板所困而又突破不了时,才需要战略来破局。而且,即便是再好的战略,使用时也会有各种限制。

比如,战略具有时效性,此一时彼一时。对于这时来说是好战略,或许对于两年后来说就是坏战略。比如,小米公司最先采用的就是"低价战略",随着公司的发展,战略被重定,公司又采用了"生态链战略",即借助 MIUI 系统①用户和累积的技术,进行毛巾、牙刷、手环、背包、旅行箱等一系列日常用品的生产,我的台灯就是小米生态链下的。小米如果不及时转变战略,延续低价战略,销售量只会不断降低,公司能活几年都不一定,更别提上市了。

---

① 小米科技基于 Android ROM 开发的手机系统。

战略是药,用来化解你遇到的困难。但是药三分毒,没病不该乱吃药,吃就得对症。认识到这些,我们便可以出发了。

检视赛道

这一步,是制定任何个人战略的第一步。

赛道指的是职业领域。你擅长挥拍类运动,想将打羽毛球作为职业,成为和林丹一样的世界级羽毛球运动员,你的赛道就是羽毛球比赛。你致力于一种编程技术,想用来研发新技术,你的赛道就是科技研发。赛道不是你擅长什么,而是你在什么领域和他人竞争。

都说"三百六十行,行行出状元",但是,每行出多少个状元,这句话可没谈及。就拿挥拍类运动为例,假设你经过训练,羽毛球水平可以达到世界第10,网球水平可以达到世界第20,你会进军哪个领域?一般人的想法是,当然去练羽毛球啊,在羽毛球领域表现要优秀得多。但你可能不知道,世界网球界前20名的收入都超过了羽毛球界第1名的收入。从收入上来看,网球界可以出20个状元,但羽毛球界只能出1个。哪怕是低级别的运动员,比如给小朋友做网球培训的教练的收入也要比同级别的羽毛球运动员高得多,这就是好赛道①力量的体现。

拥有同样的天分,付出同样的努力,在不同的赛道上,就会有不同的结果。这个显而易见的道理很多人却不懂。有的赛道上蜗牛

---

① 即便你是为了理想而非收入而选择赛道,赛道也有优劣之分。这里用"收入"这个单一维度来评估赛道,只是为了便于理解。

都跑得飞快,有的赛道上豹子都食不果腹。因此,当你制定战略时,先别纠结于具体的问题,而要从更高级别的视角,从赛道的角度审视:我现在的工作在一个什么样的赛道?这个赛道未来情况会怎么样,会更好还是更差?还有更好的赛道吗?

赛道在不断变化,每个行业都像是在分蛋糕。好的赛道,就是人少、蛋糕大的行业,每个人分到的蛋糕都会大一些。但蛋糕的香味藏不住,其他人也闻到了,也想要分这个大蛋糕,就会有越来越多的人加入这个赛道。最后,蛋糕没变大,人却多了好几倍。因为人的不断加入,赛道的竞争加剧,人均收益变小了,换句话说,赛道变差了。所有好赛道最后都会成为差赛道,所有差赛道也曾经都是好赛道。主导这种变化的,只有时间,或者说时代。讲到这儿,我们又回到了原点:你能走多远,很大程度上取决于是否能跟上时代的步伐。

一个例子

我的朋友阿程现在是一名出色的网课老师,收入不菲。以前,他在一所重点高中教语文,他所在的赛道曾经工作量少,收入高。但在教学中他逐渐发现,由于读中文系的人越来越多,语文老师也越来越多,学校已经不缺语文教师了,他们就只能做更多的工作来应对竞争。而且,之前他可以靠给学生补课赚不少外快,但由于语文老师人数的增加,同行竞争加剧,报名的学生也减少了一半。总之,他的收入越来越少,工作量、压力却越来越大。

他想到的第一点就是换赛道。当前的赛道容量已经趋于饱和,因此，工作之余，他把注意力都花在了找新赛道上，到处找分析从业风口、趋势的文章看。不久，他注意到不少线上平台都有招聘网课老师的信息。那时网课还不流行，这是条新赛道，人少，竞争也少，似乎还有一定的发展潜力。他想，反正也没什么别的办法，索性试一试。他随即就以"低分成"为筹码，结合不错的教学能力，在一个网课平台当上了老师。平时，他照常上课，周末就在网上奔波。

渐渐地，借助赛道提供的资源，也由于他的努力，喜欢他的学生越来越多，大班小班加起来有七百多个学生。他也和平台重新谈判，拿到了高分成。三年后，他和我喝咖啡时感慨："当时，还好我没有继续留在那个旧的体系（赛道）里，旧体系的资源有限，但人无限，继续下去，真叫费力不讨好。"他抿了一口拿铁，继续说："当然努力也很重要，当时的我跟打了鸡血一样，拼命钻研授课方法、技巧，把之前该看没看的书都看了个遍。"

所以，想要制定好战略，第一步一定是检视赛道。选对了赛道，才能避免在通往深渊的道路上无法回头。

不过，即便换了赛道，也会遇到各种问题，他改变的故事才刚开始，会贯穿这一整章。因为，他接下来的做法完美诠释了鲁梅尔特[①]在《好战略，坏战略》中对于"好战略"的定义。

---

① 理查德·鲁梅尔特，被麦肯锡誉为"战略家中的战略家"，《经济学人》杂志称其为"当今 25 位具有世界影响力的管理思想家之一"。

调查分析

调查分析分为三步：收集信息、发现关键问题、拟定小目标。

收集信息

阿程刚换赛道那会儿顺风顺水，没遇到什么困难。但大约过了一年，就到了所谓的平台期：在有了一千多个学生之后，他的网课报名人数增长得越来越慢。他想了各种办法，发优惠券、钻研教学内容、押高考题，但报名人数也不见上涨。问题存在，却找不到原因，也无法忽视原因。后来他终于想明白，这不是一个单纯的小问题，而是结构上的问题。

想明白后，他停止了思考解决方案，而是从战略上思考问题。他先收集各种信息，试图搞清楚内外部的环境，全面认识自己的处境。而这个过程，实际上就是弄明白自己和周围"发生了什么"，什么因素变了。阿程不断收集信息进行分析，着重注意反常的地方，因为反常的地方往往暗含机遇与挑战。

刚开始，阿程发现，网课平台推送的都是新老师，很少再推送他。一问才知道，网课平台要扩张，必须多宣传新的老师。接着，他发现他的学生群很活跃，但上课时很安静，可能是自己讲得好，也可能是讲得无聊。再后来，他从平台了解到，从4个月前开始，平台就没有推送他了，而报他课的学生数量却从4个月前到1个月前翻了一倍，这就很反常。此外，他还收集了其他的信息，包括但不限于自己的PPT、常发言的学生、学生的平均成绩等。他把信息搜集之后——罗列出来,把重要和反常的信息用红笔勾了出来,发现一共有三个需关注的点。

(1)有3个月在没有平台推送的情况下学生数量翻倍。

(2)下午3点到5点,听课的学生显著增多。

(3)新来的学生在学生群里总会和一两个人聊得很起劲,聊的内容大多与学习无关。

发现关键问题

这些重要、反常的信息往往蕴藏着"关键问题",它是战略的"支点",能够最大限度放大你的努力,解决了它,就能突破瓶颈。而我们要做的,自然是动用脑子,在搜集的信息中发现"关键问题"。

千万别小看这一步,不论多大的变革也必须围绕关键问题展开,从它入手。1997年,苹果陷入困境,离破产只差两个月,乔布斯临危受命,他做的第一步就是洞察出关键问题:"产品过多过杂,没有标志性的产品"与"苹果电脑定价过高[①]"。围绕这两点,他领导公司做出了一系列变革,仅一年之后便化腐朽为神奇。

回到阿程身上,他冥思苦想,想了一个星期,突然发现,信息的关键是"自发推广"。他课上增加的学生,可能大多数都是同学或朋友引荐过来的。原来的同学觉得课程好,就推荐给自己的好朋友,所以在没有推送的情况下,还增加了不少学生。学生群里,那些新同学和老同学聊得很起劲,八成是因为他们本来就认识,所以聊的

---

① 现在也不便宜,之前价格到底有多高简直难以想象。

话题也生活化。除了第二条,其他信息都可以解释。所以,如何"让新学员继续自发推广"就成了关键问题。

拟定小目标

确定关键问题后,下一步就是拟定小目标,或者叫"阶段性目标"。传统的思路中,目标是以"愿景"为主导,就像OKR一样。"你想达成什么目标?""为了目标,你该怎么做呢?"这些看似有用,却忽略了工作与一般问题的区别:工作是一个高度复杂、环环相扣的系统,以愿景来促进行动,但找不到关键问题,你的努力就得不到放大。越努力,越无力。只有以"关键问题"作为支点,用它来确定目标,才能放大努力的价值、突破困境。

所以,不要问"我的目标是什么?"而要问"为了解决关键问题,我该有什么目标?"目标只能有一个,最多两个。

这个目标,必须是短期就能达到的目标。职场变化快,我们不可能高瞻远瞩,预判遥远的未来。把目标定在最近三个月内,难度要小得多,对接下来的行动也更有指导意义。就像蛋糕切分法一样,吃完一块,再吃下一块,几个小目标不断递进,最后解决关键问题。

当下,阿程给自己定了"弄清楚学生们推荐我的原因"的小目标,先解决这件事。

确立指导方针

有了小目标,下一步就是确立指导方针。指导方针不是具体的行动，而是对行为的限定。它就像一套法律，你可以做很多事情，但必须在它的限定之内。有了目标后，我们常常想的是行动，而非指导方针。阿程刚有了"弄清学生们推荐我的原因"的目标，就有了很多想法：发调查问卷、群里隐晦地询问、和几个最熟的同学推心置腹地交流……但这些行动凭空而来，缺乏方针指导，大多只是自己单方面的臆想，不具有真实性和客观性。

阿程也意识到了，开始想："为了达到目标，我有哪些原则需要遵守呢？"

这些原则就是指导方针，而如何得出这些原则，就体现出战略学者和战略家的差距。鲁梅尔特给出了两个最重要的思考方向：战略聚焦和扬长避短。

战略聚焦

战略聚焦就是学会放弃。战略在某种意义上就是放弃的学问。最开始，你可能放弃原来的赛道，再后来，为了解决关键问题，你又放弃了其他"你想要"而非必要的目标——哪怕它们看起来很重要。自律也一样，我们不可能做所有事，就只能放弃一些很想做、却也只能停留在"很想做"层次的事。

在指导方针上，你需要放弃一切和达到目标无关的原则。阿程是一个老师，老师有"不断改进教学质量"的指导方针，这合情合理。但它并不符合"弄清楚学生们推荐我的原因"的目标，所以必须放弃。此外，"更幽默""上课更有趣"也不算，即便它们再好，与目标无关，都必须舍弃。战略聚焦，做起来最简单也最难，简单在只需放弃，难在必须放弃。

经过聚焦，阿程得出了"多互动（互动时可以趁机询问）""多一对一给学生答疑（可以解答题目后私下询问学生）"这两条指导方针。

扬长避短

第二个思路是扬长避短。谁都听说过《大卫》雕塑，如图 13-1 所示，它是米开朗基罗的名作。而大卫的故事是好战略的典范：大卫想杀死巨人歌利亚，歌利亚身长九尺，力拔山兮，全身布满了盔甲；而大卫身材相对瘦小，力量更是弱得多。起初，哥哥不让大卫去冒险，但最终还是答应了他，并给了他一套厚重的盔甲。

不过，大卫并没有老实穿上盔甲，而是先调查分析，收集信息，判断出关键问题并确定目标。歌利亚战无不胜，其

图 13-1　米开朗基罗的雕塑名作《大卫》

盔甲坚硬无比，但眼睛和额头部分却没有盔甲，这就是异常信息。随之而来的关键问题是"怎么利用额头和眼睛这几个弱点"。再接

着，目标就成了"通过击打额头和眼睛，杀死歌利亚"。下一步，便是确立指导方针。

大卫的最成功之处在于他选择了扬长避短：他身子轻，动作灵活，这是他的优势。如果他穿上盔甲，就失去了灵活性，优势会变成劣势。而且，即便他穿上再厚重的盔甲，也抵挡不了歌利亚的攻势。所以，他选择把自己的优势发挥到极致。他的指导方针是"用敏捷与速度作战"，而经过战略聚焦，"敏捷作战"只有在远战时才有优势，因为近战只要挨一拳就死了，远战实在不行还可以跑。所以，他的又一个指导方针是"远战，攻击他的额头和眼睛"。

剩下的，我们都知道了。大卫脱掉了所有衣服，保持了最快的速度和最高的敏捷性，背着一个装满硬石块的小袋子，在歌利亚的远方叫嚣。歌利亚随即向他奔来，他取出石头，当歌利亚进入射程内，他就拿石头猛砸他的额头。最后，歌利亚被砸死，大卫轻松地割下了他的头颅，成了人们的英雄，也成了以弱胜强的典范。《大卫》雕塑表现的，正是大卫向歌利亚宣战的经典场面。

大卫生活在几千年前，却懂得现在大部分人都不懂的道理：扬长避短。我们从小接受的教育都是补短板，语文不好补语文，数学不好学数学，体育成绩不好做运动。这样没错，它让我们掌握了基本的技能，拥有了合格的体能，但它的后遗症，即形成的思维模式是有问题的：补短板，却忽视长处。

班主任会经常说："仅仅一门学科学得好没用，不要偏科，要全面发展，考试看的是总分。"但在现实社会，你不可能补齐所有该补齐的短板。你很聪明，但情商很低；你很有逻辑性，但不灵活。没

第 13 章 破局 | 你是自己的战略家

有人十全十美，我们也不需要十全十美。只要发挥我们的长处，把它磨炼到极致就很厉害了。

我有个朋友，她是绝对的销售高手，每年仅靠分成都能在小城市买三四套房子，但她从不回家。她说："每次我妈一看见我不叠被子、乱放东西，就要骂我好久：'好好放东西有多难？小事都做不好，还做得好什么大事？'但是，我已经把大事做好了。"

她妈妈是典型的中国家长，总是发现孩子的缺点，好心督促孩子补上，却从没有考虑过忽视这些缺点，帮助孩子发挥优势。我的那位朋友很擅长社交，小时候几乎没花心思在学习上，都花在了交各路朋友上。她妈妈一直反对，说她净交些狐朋狗友。母女两人关系一直不好。做营销后，她很快凭借社交能力打通了各种销售渠道，自己几乎只是给渠道供货就能拿到丰厚的收益。但她妈妈还是会发现她的各种缺点：不收拾、爱玩、学历低……她只好尽量能不见就不见她妈妈。她一定算得上成功，却因为"不完美""有个性"被亲妈嫌弃。

讲这么多，是因为"扬长避短"不只是思考指导方针的方向，更是我们整个职业该有的发展方向。有的人从没学过逻辑学，但思考事情的缜密度就是比其他人高很多，他从事需要强逻辑性的相关职业，很可能事半功倍。

《刻意练习》一书中讲过，人与人之间不存在天赋差异，只是练习时长的差异造就了优势与劣势。但我必须反驳，这套理论不符合现实。很少有人能通过练习超过在相关方面有天赋的人，我擅长激励人，一些朋友学了各种说话技巧，还是比不上我。足球运动员梅西[①]出了名的训练时长少，享乐时间多，但足球水平仍旧和天天艰苦训练的 C 罗[②]不分高下。长处每个人都有，我们该发现它、发挥它，使我们的工作达到事半功倍的效果，而不是一味地补短板。该补的短板补到合格就行了，重点是发挥长处。

回到阿程的故事，他认为自己的长项应该是"逻辑严谨"。尽管他是语文老师，却能用讲数学的模式教学生解题。但这和"弄清楚学生们推荐我的原因"这个目标又有什么关系呢？又经过一番思考，他想到，如果把逻辑用在采纳学生意见方面，他的询问方式就可以格式化，可能会得到更精准的答案。所以，他的又一个指导方针是"格式化提问，格式化记录学生的回答"，说通俗一些，就是设计一套提问流程，按流程提问，套出自己想要的答案，然后记下来。

连贯性活动

进行连贯性活动是最后一步，也是从纸上谈兵到真枪实弹的关键一步。你需要根据指导方针行动。行动计划不需要太多，最好一星期内就能完成。按照蛋糕切分法的逻辑，做完一些行动后，就会得到接下来做什么的灵感，然后进行一个一个小的行动，最后达成目标。

---

① 里奥·梅西，阿根廷足球运动员，司职前锋，现效力于巴塞罗那足球俱乐部，被认为是世界足坛史上最佳球员之一。
② 克里斯蒂亚诺·罗纳尔多，葡萄牙男子足球运动员，司职前锋，现效力尤文图斯俱乐部，被认为是世界足坛史上最佳球员之一。

不过，连贯性活动有两个需要注意的要点：第一个是连贯性，是指你做的事情不能彼此冲突，最好还能相互促进。

第二个是抓住机会。整个个人战略体系中，除了放弃，还有一件重要的事，就是利用好支点，实现事半功倍。好的赛道是支点，关键问题也是支点，扬长避短还是支点，用好它们，就有可能事半功倍。机会，当然也算是支点。如果你在行动的过程中正好遇到，千万要抓住，不要放手。

阿程还真遇到了机会，那就是即将到来的教师节。他使用这个机会，结合了三个指导方针：①多互动；②多一对一答疑；③格式化提问，格式化记录。于是诞生了如下的行动。

（1）举行教师节感谢信活动，学生参加时需要按照一定的格式、要求写出最爱老师、最感谢老师的地方。

（2）对每一位写信的同学都进行一对一电话答疑，既对他们表示感谢，又增进了师生感情。

（3）举行"贴标签"活动，"教师节"那天每个同学都可以在群里给老师"贴标签"，比如"帅""耐心""严谨"等，但要写出理由，并对每个贴标签的同学免费赠课。

最后，三个行动在一星期内就完成了，他也达成了目标：真正吸引学生把他的课分享出去的原因是"见效快"。比如，一个学生之前的语文成绩是八九十分，报课不到两个月就能提到 110 分左右，虽然分数也不算太高，但足以吸引人。周围的同学都来询问报课的学生，那个学生就随手把阿程的课分享给了同学。

所以，阿程的下一个小目标是"打造自己'提分快'的人设"。

按同样的逻辑达成目标之后，再下一个目标是"促进学生主动推广自己'提分快'的特色"，因为之前学生是被动推广，他想让学生主动把自己推荐给需要补课的学生，这也是最后一个目标。达成后，关键问题解决了，瓶颈也随之突破。不到一年，他所经营的5个长期网络班级名额几乎全部报满，他也从学校辞职，只在网络上课，周一到周五用来准备、改进自己的课程，当然，也用来享受生活。如今，他是我所有朋友里最有钱又有闲的一个。

虽然他的努力、智慧在他的成功中功不可没，但在他把经历一五一十地告诉我时，他却极力推崇战略的力量。他说："我能有今天这样的成果，完全是因为有不错的战略。"

制定战略的步骤比较多，我们来简单复习一下吧。第一步，检视赛道。第二步，调查分析。这个过程又分为三部分：①收集信息；②发现关键问题；③拟定小目标。第三步，确立指导方针，注意战略聚焦和扬长避短。最后一步是连贯性活动，行动上不能有冲突，有机会的话，一定要抓住机会。

第14章 精力管理
你控制不了你的身体，但能管好你的精力

对于每个人而言，最重要的长期资产都只有一个：好的身体，也就是健康。这一点，相信没有异议。

但可惜，健康有不确定性。再注重养生的人也有可能得病，只是概率大小不同。像癌症、阿尔茨海默病这些重疾的患者，他们中很多人纯粹是运气不好，与生活方式的好坏没有什么关系。现实很残酷，谁都没法保证自己一定健康。我最喜欢的演员之一，"黑豹"的饰演者查德维克·博斯曼就因为结肠癌去世，年仅 43 岁。谁能想到，荧幕上有着万夫难挡之勇的他，却在壮年被病魔夺去了生命。

残酷的现实让我们明白，身体健康本质上是不可控的，我们只能退而求其次，管好一个对"健康"很重要，却又能被我们控制的东西：精力。而精力也是身体的投影仪，有好的精力，八九不离十，也意味着有好的身体。而且，大多数人渴望健康也并非只想"长命百岁"，而在于有充沛的精力过好生命的每一天：不萎靡、不亢奋，一身轻松，想做什么就能做什么。

把好的精力，而非"绝对的健康"当作最重要的长期资产是明智的，这也恰恰是我们努力就能达到的。精力管理，正是为了让你我拥有持续充沛的精力来应对工作和生活。

这里面有两个关键词："持续"与"和"。"持续"，指的是你不是一两天内有好精力，而是绝大多数时间都有，并能一直延续下去。这也是我把精力管理放入Ⅲ段介绍的理由：好的精力是一项长期资产，能够让我们长期获益。而"和"意味着既要处理好工作，又能享受生活。很多人一下班就窝在沙发里追剧、钻进被窝里打游戏，甚至二话不说直接倒头就睡，他们把不多的精力全都给了工作，却没能享受生活。

精力要给工作，更要给生活。想做到这一点，你得拥有更多的精力才行，这也是精力管理和时间管理的区别：时间管理只能用好时间，却不能创造时间。而精力管理，就是在不断创造精力，而非学着用好精力——那是时间管理的事。还记得"状态优先法"吗？二者虽然有区别，但紧密相连，只要把时间管理的理解上升到"改变"的层次上。可以说，精力管理就是时间管理的一部分，它也能让我们变得更好。

精力管理并不复杂，只包含了三大板块：吃、运动和休息[①]。把这三件事做好了，精力自然也就充沛了。

吃的艺术

民以食为天，吃肯定是放在最前面的。关于吃的艺术，大概可以分成两部分："吃得饱"和"吃得好"。

---

① 工作中的"休息"问题以后会聊，在这里先聊聊休息中耗时最多的"睡眠"问题。

吃得饱

吃饱的意思是吃满,即你需要多少的量就补充多少的量。因此也可以说,吃得过饱或没吃够都是"吃不饱",前者叫"吃撑",后者叫"吃少"。现在,前者的情况比后者更常见,所以,我们先要了解一下"吃撑"的问题。

很多人吃米饭最多吃一碗,但吃起面来,满满一大盆却吸溜几下子就吃完了;一些娇小的女生甚至连一碗饭都吃不下,却能在大冬天捧着个烤番薯吃不停。不少人应酬后都想吐,是因为不只是酒喝多了,东西也吃多了。长期这样饮食对身体、精力都没好处。

而我们吃撑的原因,很大程度上是吃得太快。吃米饭一口一口咀嚼,但吃面条却大根大根吸着吃;平时吃东西不着急,但捧着番薯大概是要赶去上班,因此吃得也很快。一快,就麻烦了,因为大脑和胃是不同步的。胃部"吃饱了"的信号需要过一段时间才能传给大脑,如果吃得太快,"吃饱了"的信息传到大脑时,人已经吃撑了。

除了吃得快,吃撑还有一个原因,那就是注意力被外物吸引。饭局上,大家讲话的讲话,交流的交流,还要察言观色,注意力根本没在食物上,更没在感觉上。即便你的大脑告诉你"吃饱了,别吃啦!"你也很难注意到。注意到时,为时已晚。我小时候喜欢边看电视边吃饭,结果从同学中最瘦的一个变成了最胖的一个,原因就和我不健康的饮食方式有关,注意力被电视吸引,不吃多才怪。

不吃撑是一门学问,你需要做三件事来掌握。

1. 多嚼几下

我们吃饭总免不了吃面条一类的很快就能吃完的东西，一不注意就吃撑了。所以，尽量养成多嚼几下的习惯，每口食物嚼 10~15 下。这个简单的步骤能显著降低你吃饭的速度，防止你的大脑还没接收到信号就吃得过多。

2. 少量多动

一些人盛饭总喜欢盛得满满的，心想"吃不完就算了"，而他们看到没吃完的饭又会想：就剩这一点，吃完算了吧。结果经常吃撑。所以，最好每次少盛饭，把装饭的锅具拿得离餐桌远点，吃完还想吃，就会站起来再去盛。很多时候，坐着没有察觉到胃的感受，一站起来就立即能体会到，也会减少盛饭的量。

饭局上也一样，吃了一会儿，假装上个厕所，站起来动两下，把你的注意力重新放到胃上面，你吃撑的概率会小很多。

3. 多喝水

有时候你感到饿了，其实你只是渴了。想吃零食、夜宵的时候，先喝杯水试试。

除了吃撑，还有一些人吃得太少，比如想减肥的女生经常让自己挨饿。这样做的后果可能比吃撑还要严重：当你节食的时候，身体缺少能量，在外界获取不了食物，只能从体内获取。于是，你的身体就开始分解你的肌肉，获得能量。一旦肌肉量下降，皮肤就会松弛，赘肉也越来越多，甚至出现从未有过的皱纹。而当你恢复正常饮食时，肌肉已经少了，随之而来的基础代谢水平也下降了。以前能让你吃饱的东西，现在能让你吃撑。换言之，吃同样的量，你与节食前的自己比，更容易长胖，你已经形成了"易胖体质"。

因此，别吃少，也别吃撑，坚持"吃饱"，防患于未然。但如果你经常有吃饱或吃撑的状态，那就从现在开始，循序渐进地改变吧。种一棵树最好的时间是10年前，其次是现在。

吃得好

吃得好应注意三点。

1. 多蛋蔬

蛋白质对脱发严重的成年人极为重要。

头发90%以上的成分是蛋白质，当代人脱发，可能不仅仅是压力过大的原因，蛋白质的摄取也不够。很多人遇到发质问题总想换好的护发产品，却没考虑过是蛋白质不够，补充蛋白质，发质自然就好了。

蛋白质也是增长肌肉的必需品。有些西方人胖起来，你会觉得他（她）很壮，有压迫感，但不少中国人一胖就显得"油腻"，毫无美感可言。原因很简单：西方的饮食普遍富含蛋白质，牛排、羊排通过煎烤的方式可以较大程度地保留蛋白质。即便油脂过量，蛋白质够了，肌肉遍布全身，看起来也会很强壮。

西方很多健身明星把健身当作一种对生命的礼赞，比如施瓦辛格、巨石强森，身材和公牛一样健壮。中国一部分喜欢健身的人群，比如公园里的大爷，他们每天都做各种运动，但身体也不壮实，有的还虚弱得很。差异的根源就在于蛋白质的补充，公园大爷蛋白质的补充明显少于西方健身者——后者甚至一天吃 20 个生鸡蛋。大爷们的肌肉没有蛋白质支援,再高强度的训练也长不壮。

即便你头发没问题,也不想练成肌肉猛士,依然不该认为你不需要肌肉。肌肉能帮我们负重,还能保护我们的器官和骨骼。人到中年以后,肌肉量会逐渐下降,如果没有足够的肌肉,摔个跤都能在医院躺半个月。

而获得肌肉、补充蛋白质最简单有效的方法就是吃鸡蛋。如果你担心鸡蛋胆固醇高,那么选择吃蛋白粉也是可以的。你还可以上权威的网站或专业平台搜搜哪些食物蛋白质含量高,多吃含优质蛋白质的食物。

我的高中化学老师说过一句话,直至今日我都记忆犹新:一切抛开剂量谈毒性的,都是耍流氓!如果一样东西致癌,那吃多少才有害处?一样东西养颜,那要服用多久才看得到效果?单纯讲食物的好坏是没有意义的,食品添加剂对人体不好,但只要每天的摄入量在安全区间,对人就没有影响。除非是像砒霜、黄曲霉素之类服用少量就有强致死性的物质,其他的,都要有量化标准才科学。

有个女孩偏瘦,肌肉少,于是喝蛋白粉补充蛋白质,但是她的男朋友说喝这些东西不健康,不让她喝。但若是合格的蛋白粉,适量饮用怎么会不健康?女孩的目的是补充蛋白质,她饭量小,对她来说,吃食物补充,不吃撑才怪。

刚才几乎都围绕着"蛋白质"在分析,那么,对于"多蛋蔬"中的蔬菜呢?你只需要记住一点就行了:蔬菜很好。蔬菜具备几乎所有水果具备的维生素,绿叶蔬菜中的叶酸还能有效预防阿尔茨海默病，蔬菜中的膳食纤维也是人类的必需品。照道理，每天吃多少主食就该吃多少同容量的蔬菜。如果你点了外卖，请多加一份蔬菜，并减掉一半的米饭，别怕费钱，并且蔬菜本身也很便宜，性价比高。我爷爷近90岁依旧能下地干活，就得益于他爱吃蔬菜的习惯。

2. 少糖油

糖类是泛滥成灾的"合法毒品"。

有人把糖水叫作"肥宅快乐水"，因为我们的大脑喜欢糖，吃到糖就会分泌多巴胺，但是，这种快乐是以健康甚至生命作为代价的。糖类和油脂是人长胖的两大元凶，肥胖会诱发各种疾病，不只会让人精力变差，还会影响人的寿命。

油脂过量也是人们健康的大敌。不论中西方，除了日本，几乎所有的美食都含有大量的油脂。研究发现，油脂经高温加热后会发出香气，而这股香气是人难以抵挡的。但摄入过量的油脂和过量糖分一样，坏处很多。

但要让我们放下美食也是不可能的。作为一个四川人，没有充满油脂的回锅肉简直是要我的命。不过，我们至少可以做好另一件事：少吃零食。

零食是糖油的集大成者，可以说，我们摄入的过多的糖油，绝大部分是拜它所赐。一些人以为买了无糖无脂的零食就万事大吉了，但所谓的无糖是指"生产过程中不加入糖"，如果原材料本身含糖，那还是等于摄入了糖分。人人都知道全麦面包健康，但口感很差。油脂除了增香外，还有改善口感的功能，因此，市面上大部分的零食，哪怕是"健康零食"都含有大量的油脂，全麦面包、速食米饭也不例外，为了保持口感，厂商都会加入一定量的油脂。

我们之前讲过"极小动作法"和"第三人称视角"，用它们帮你减少吃零食，糖油的摄入情况会乐观得多。此外，夜宵也是一种零食，还是少吃为妙。如果一定要吃，请千万别买含有"反式脂肪酸"的，它的危害更大。

最后说一下，水果中也有大量的糖分。如果你体脂率较高，建议多吃蔬菜，少吃水果，除非你喜欢吃柠檬。缺维生素就吃维生素片，先把肥减下来，之后再适当地调节饮食。

3. 禁酒、烤、腌

虽然"一切抛开剂量谈毒性的理论都是耍流氓"，但依旧有些东西毒性非常大，往往你觉得没有摄入过量，但其实早就过了。

它们当中最常见、害人最深的就是腌制品、高温碳烤食品和酒。腌制品不用多说，你随便点开一个正规、健康的网站，都能看到"腌制品/烤肉致癌"的文字，食用腌制品和烤肉能显著增加患癌概率。腌制品中含有大量的盐，比如咸鱼、泡菜等，是货真价实的毒王之王。而一些加工过的肉制品，比如午餐肉、脆皮肠这类食品也可以归为腌制品，它们的毒性可一点都不小。

烧烤食品中，低温（200度左右）无烟的烧烤没有问题，最多使食物丧失一些营养物质。但400度以上烧烤的肉类，或者是碳烤时把肉烤焦了，产生了大量的烟，这类烤肉也会产生致癌物质。

此外，还有酒水。没想到吧，喝酒除了增加得心脑血管疾病的风险外，也会致癌①。酒的毒性虽然比不上腌制品，但在"适当饮酒怡情，过度饮酒伤身"这类论调泛滥的今天，不少人觉得偶尔喝点酒还对人体有好处，便经常喝过量，最后毒性累积起来，也和腌制品的危害差不多了。

腌制品、高温碳烤食品和酒，最好不吃不饮，能不沾就一点也别沾。你可能觉得人生少了很多趣味，但美食那么多，它们只占很小一部分。而且，我之所以这么绝对地告诫你别吃，只是为了提醒你能不吃就不吃，偶尔尝一下也是没问题的。正如想考大学的学生该以北大、清华为目标一样，你只有定一个六西格玛②的标准，五西格玛才容易达到。你想少吃这些食物，就得告诉自己别吃。

运动的艺术

讲完了吃，接下来就是讲运动了。而关于它，你只需要记住：心肺为王，减少损伤。

心肺为王

在心肺功能、肌肉力量、肌肉耐力、柔韧度等一系列身体指标中，心肺功能是当之无愧的无冕之王。有研究显示，心肺功能与寿命长短呈正相关，心肺功能越好，长寿的概率越大。巴菲特70岁后决心

---

① 2017年的《科学》杂志表明，酒是明确的致癌物之一，并且，在1类致癌物中，酒占据的比重很高。
② 一种对产品、工程的评分等级，数字越大，难度也越高。

每天慢跑 30 分钟，似乎如今还在坚持。村上春树更是知名的跑步狂魔，水平堪比专业运动员。跑步是锻炼心肺功能的有效方式，而且，老了还跑得动也代表人们先天的心肺功能较强，给人们带来的直接益处便是长寿。

好的心肺功能还能够降低猝死风险。在 2016 年厦门马拉松运动会上，有两位选手在途中猝死，其原因就是心肺功能跟不上高强度的运动。在我们的日常生活中，压力过大、熬夜、情绪激动等，有时比高强度的运动还要危险，没有好的心肺功能照样有可能猝死。有位女白领和男朋友坐火车回家，女白领说不舒服，男朋友觉得没大碍，让她先上车休息一下。车上没有医院级别的救护设施，不一会儿女白领猝死，留下男友愧疚终生。

即便没到性命攸关的程度，好的心肺功能带给我们的好处也是数不胜数的：爬楼梯、蹦迪、跳街舞、逛商场，没有一样与心肺功能无关。有了好的心肺，才能玩得尽兴！

我们运动应该优先提升心肺功能，而几乎所有的有氧运动都能达到这个目的，比如 HIIT、TABATA[①]、有氧瑜伽等。甚至可以这样说，只要你的运动不是在练肌肉，就一定是在练心肺。在《端粒效应》一书中，还揭示了做这些运动的一个作用：延长端粒的长度。换言之，依旧是延年益寿。

不过，不论你选择什么运动，请记住一点：循序渐进。

我最开始学拳击时本来指望提升精力，结果第一天练得过猛，第二天效果很差。后来看了《掌控》一书后，我意识到，可能目前

---

① HIIT 和 TABATA 是两种高效燃脂的锻炼模式。

第 14 章 精力管理 | 你控制不了你的身体，但能管好你的精力

的运动量对我而言太大了。为了验证这个想法，我戴上了心率手环去训练，结果手环有好几次报警，提示我心率过高。之后，我大幅减少训练量，一点一点提高强度，最后精力越来越好。如果身体没适应过高的运动强度，不但会在运动时提高猝死的风险（越擅长运动的人越是如此，因为他们总认为自己能行，而忽视身体的感受），还会在事后降低你的精力值。

有一个"超量恢复"的概念，说的是当人们运动完，身体素质会先下降，经过一段时间的休息后才会提升。一开始，你的运动是在刺激你的身体，身体受完刺激，经过度消耗后累了，需要时间恢复。如果恢复时间不足，身体甚至还达不到训练之前的状态，如此下去，只会越练越差。而高强度的运动需要大量时间恢复，如果运动强度太高，第二天精力下降实属正常。应对的措施也很简单：降低强度。可以有一点挑战，但不要把自己搞得太累。

如果必须做高强度运动，那就千万保证"干净"，包括体内和体外的环境。人在高强度运动时免疫力会降到谷底，如果这时候感冒了或者环境不卫生，细菌、病毒就特别容易侵入我们的身体。YouTube 上有个知名的运动博主因为感冒时进行高强度运动而得了严重的心肌炎，最后靠心脏移植才捡回一条命。

减少损伤

除了提高心肺功能，避免可避免的损伤对提升精力也同样重要。运动会提高精力，但运动也有可能受伤，损伤就会降低精力。而减少损伤，就是对你精力值的保障。

你现在对此可能还没有什么体会，那就好，因为没人想体验这种感觉。前段时间，我一个练空手道的朋友右腿受伤，走路时几乎全靠左腿拉他的右腿。他说，因为他腿法练习练得太多，膝关节的半月板磨损了，整条腿像被锁住了一样，弯曲一下就咔咔地响，很难受。他休息了大概 3 个月才好，还告诉我，他已经算幸运的了，不少人需要做手术才能缓解。

如果你不想像他那样，就得减少运动损伤。而减少损伤最简单、最重要的一步就是选择适合你的运动。

一些人喜欢跑步，觉得跑步好处多多，但膝关节经常受伤，因为他们的体重太重。人跑步时，一条腿最多能承受你三倍的体重。对体重重的人来说，跑步等于自残。意识到问题后，他们又转而投向游泳，因为不论对于什么体重，游泳的损伤最小，最后他们成功地放弃了运动。

原因很简单：适合，不仅指身体适合，更指人性适合。游泳馆离你家 30 分钟车程，培养习惯的开始就要消耗大量意志力，坚持得下来才怪。对体重重的人来说，最好的办法是去运动 App 里搜"大体重课程"，这些课程普遍适合体重重的人士，而且时长短。如果觉得时间太长，做一半运动就行了，用好之前的习惯养成法。此外，跳绳也是不错的运动，它是单位时间里最燃脂的运动之一，姿势正确的话，单腿受到的压力仅为跑步的 1/7。

挑选运动时，必须要坚持"适合"的原则，不要别人说什么好就做什么。建议你坚持一项主要的运动，比如 HIIT、跑步、瑜伽之类的，再不时尝试别的运动，多样化会给运动增添不少乐趣。

第 14 章　精力管理 ｜ 你控制不了你的身体，但能管好你的精力

不断精进

想避免损伤，不断精进也必不可少，包括身体上与装备上的。

身体上，一开始为了培养习惯，简单运动三五分钟就行了。但当习惯逐渐养成，运动时间越来越长，运动越来越专业时，你就必须改进动作，设计好流程。我以前运动从不热身，也从不做训练后的拉伸。随着时间的推移，我逐渐感到肌肉很难放松，出现了驼背、肌肉僵硬的情况。后来，我强迫自己在运动时老老实实热身和拉伸，那种现象就慢慢消失了。低水平的训练不需要讲究，但当等级逐步提高时，你就必须做好对应的防护，热身与拉伸运动就是一种。

此外，还要逐步改进动作。运动后，肌肉受损会超量恢复，搭配休息会变得越来越强，但骨骼和关节不会，它们只会被不断消耗。健康的跑步姿势是前脚着地，借助重心跑，减少骨骼和膝关节的受力，而一般人需要半年才能养成这个习惯。刚开始跑就追求"标准动作"，就是在葬送运动习惯，但养成习惯后还不追求，就是葬送自己的身体。

装备上也如此，我那位练空手道的朋友之所以受伤，很大程度上是由于没有戴护膝。但同理，如果你才刚开始培养运动的习惯，也不需要什么护膝、泡沫轴、心率手环之类的，太麻烦了。运动是一个习惯，戴护具是另一个习惯，等运动的习惯固定后，再使用这些防护、放松工具。不断精进的目的是减少损伤，但若运动的习惯都没养成，还有必要减少损伤吗？

总而言之，只有做到心肺为王，减少损伤，运动才会给你的每

一天注入源源不断的精力。

睡的艺术

精力管理的第三个维度是休息。休息对于精力的提升必不可少，而睡觉就是休息中耗时最多的艺术。说来奇怪，睡觉可以占据我们人生 1/3 的时间，普通人却很少学习、研究它。但专业的运动员则不然，有人采访过 40 名顶尖运动员，想了解他们的生活习惯，答案总的来说千奇百怪。有的爱滑雪，有的爱篮球，有的训练多，有的爱躺着，但他们都有一个共同点：高度重视睡眠。

《睡眠革命》一书中有一个"睡眠周期"理论：我们的睡眠是存在周期的，每个周期大约一个半小时，包括浅度睡眠、深度睡眠、快速眼动睡眠等，你每经历一个周期，就会轮流经历上述几种睡眠状态。其中，深度睡眠能有效放松身体，前一天运动的劳累、心理的压力都要靠深度睡眠缓解。而快速眼动睡眠指的是眼球在睡觉时快速运动，这时你会做梦。其实每个人都会做梦，每晚还会做很多梦，只是很多忘记了而已。快速眼动睡眠可以巩固你昨天学习的知识、技能，有促进学习的作用。

因此，该怎么重视睡眠，最简单、最实用的答案就有了：多睡觉。多给自己几个睡眠周期。大多数人的睡眠其实都不足，我一直反对早起，也是因为这一点。晚起都睡不够，何况早起？我们平均每天至少应该有 5 个睡眠周期，即 7.5 个小时是睡着的，加上入睡时间,至少要 8 个小时①。但现实是,有数据显示,2016 年,中国有近 1/4 的人失眠。睡都睡不着,还怎么可能睡够?

而睡不够的结果就是欠下"睡眠债",睡眠债的表现可以是犯困,也可以是毫无困倦感,而表现为记忆力下降、脾气暴躁、抑郁等。我们讲"吃的艺术"时说过胃与脑并不同步,身体与脑也一样,你可能并不犯困、也不疲劳,但身体已经报警了。睡眠债是拿精力与健康做抵押的,还不起,它们就会被通通收走。

好在,你知道晚间二分法,可以用它来实现早睡,也不容易"欠债"。但如果你失眠,在床上翻来覆去,可以试试第二序改变,别在意它,让自己自然修复,像我一样。再不行,就寻求医生或心理咨询师的帮助吧。睡够,对我们来说特别重要,花钱改进自己的睡眠是很划算的,它关乎你每一天的生活质量。

除了睡够,有规律也很重要。如果一个人每天凌晨两点睡觉,早上 10 点起床,这算健康的睡眠吗?算。睡眠不忌睡得晚,只忌睡不够和不规律。有的人第一天 11 点入睡,第二天就成了 12 点,第三天又不一样。这样才不健康。生物钟不可随意打破,频繁打破生物钟,对你的精力和健康都有不良的影响。

但年轻人总喜欢"折腾",总有睡得少和睡得不规律的情况,周末"补觉"也成了人们普遍采取的措施。补觉可以,也有效,前提是放纵自己少睡或不规律入睡的次数一周最多不超过两次。只有满足这个条件,你才能用"补觉"把欠下的睡眠债还上。不然,你以

---

① 这是对 80% 的人而言,人群中还是有 20% 的人一天只需要睡 6 小时左右。

为没了债务，一身轻松，实则拿去抵押的健康和精力已经被一点一滴地收走了。

至此，"精力管理"你就学完了。吃，要坚持吃饱吃好：多蛋蔬，少油糖，禁酒、烤、腌；动，要锻炼心肺、减少损伤；睡，要睡得多，睡得规律。

第15章 心态管理
快乐一点，好很多

这一章的主题是一个老生常谈的问题：心态管理。

不论是父母的"不要骄傲"，老师的"不要浮躁"，还是领导的"继续奋斗"，本质上都是表明一种态度，并想让你的心态朝它们靠近。也正因如此，心态管理成了"鸡汤"的代言词，感觉没有用，还总是吹嘘得特别厉害。

或许你认为自己并不需要了解它，但时代已经变了，越来越多的人心态问题开始大过身体、财务、事业等任何方面的问题。在当代社会，几乎每个人都会时不时地被焦虑困扰。倘若我们通过心态管理，能在降低负面情绪影响的同时又更加快乐，就是在用魔法把灰暗的时间变得流光溢彩，提高生命的质量。

真正的心态管理不是鸡汤，而是实实在在的能让你更快乐的法宝。长期发展不能总伴随着奋斗与"打鸡血"，更应该有快乐相伴才对。古希腊哲学家伊壁鸠鲁甚至认为，快乐是生命唯一有价值的东西。他为此买下一栋别墅，专门用来给每一个信徒享乐。他的观点不一定正确，但拥有好的心态、尽量快乐点，一定不会错，也对得起时间。体验生活的小美好，对我们来说，比想象中要重要得多。

如果这周你除了上班就是窝在家里,就算你把一切都安排得井井有条,生活依旧是无趣的。如果不只是这周,这个月、这个季度,或者这一年,你都没有什么"你想要"的体验:去试着爬山、去海边玩水、去学习射箭、去拳馆挨打,那生活的颜色就太淡了。这种心态,你美其名曰"成熟",而这只代表你老了。你的心态并不开放,身虽壮年,心沉谷渊。

正因如此,我们才需要"心态管理"。它和时间管理不同,它既费脑子又费时间,甚至还费钱,因为心态管理大多数时候都能用一个字来代替——玩,也就是生命之花上的"娱乐"。比起"心态调节术"之类,玩不仅更容易,而且更直接、更让人快乐。年过四十后,你会发现,除了钱和身体以外,会不会玩,是人和人之间的最大差距之一。一些人是"玩无能",吃饭都要选同一家餐厅;另一些人是人生"玩家",每一天都能体验玩带来的新快乐。

玩是一门手艺

半年前,我去上海,在路上和网约车司机聊了起来。他说他是福建人,来上海打工。看他的样子,应该是40多岁,人很健谈,播的歌都是比莉·艾利什的 *Bad Guy*;穿的衣服看不出牌子,但是简洁的日系工装风,打扮和仪态看上去特别年轻。

我说:"看你的样子,好像还挺潮的哦。"

"中等吧。"他笑了笑。过了一会儿,他又说:"我每星期都会要求自己完成一件我想做的事情。就这样,我始终都要学新东西。"

我不明白,"你的意思是?"

"你听过愿望清单没有,就是那些成功学推崇的,我小时候读了很多,现在看来,觉得就它有点用。"他在一个红灯前停下,将手伸进一个小蓝包,拿出一个和我以前做待办清单时用的差不多的本子递给我。

"哦,这本子我有。"我接过来。但一看,我就傻眼了。上面写着如下内容。

自然醒,打开手机放歌,直到想下床再下床。

踢一场足球赛。

在家煮一个小火锅。

听李荣浩的演唱会。

一晚上尝试做爱两次。

……

这里面的内容,有的打了钩,有的空着。"这个习惯,我已经坚持10多年了。"他说,"我每周都会逼着自己做一件事,当然,如果开销大,我还得提早挣钱。"

"那你一个月能挣多少啊?"

"两万左右吧。"

"额……那也不算少了吧?"

"小时候就想开公司,当老板,但成绩太差,又没后台,只好赚钱养家喽。但我一直喜欢研究做生意,你看。"他把本子拿回来,翻到其中一页给我。

"这页是土豆赖死他(To Do List),我学了不少商业知识来用。司机里面,我收入算高的了。在接你的单之前,我拒绝了两份订单,我在等像你这样的乘客。你去古北,路程长,到的地方人又多。到之后,我也能立即接到一份订单。如果不做筛选就接客,赚钱效率很低的。"

惊讶之余,我开始仔细看他的本子,看到了不少和"商业"有关的内容,包括"买《每个人的商学院》来看"之类。很快,车到地方了,我下车之后才反应过来 —— 我没留那个中年不油腻男人的微信!这件事让我惆怅好久。

他是典型的"会学会玩"的人,也向我证明了普通人也可以舒服、快活地过一生。他还改变了我对时间管理的认识:好的时间管理,一定得让人会学、敢做,还要擅长"玩",发现生活的乐子。那个司机告诉我,自动驾驶要兴起了,他也不想再开车了,他已经在和几个朋友筹划着创业,就祝他创业成功吧。

这里,我想讲的是他使用的"愿望清单",这名字太俗气,干脆叫"杜伊清单"(Do It)得了。使用这项清单,必须遵守一个原则:听你心的话。

写出你想做的事,任何事,只要你想做就写下来。

你是个聪明人,从不炒股,但就是想试一试买股票;你是个自律的人,连烟都不抽,但就是想尝试一下小李桌上的槟榔是什么味道……

你对于所列的事情必须要有一些筛选，剔除"有害"的尝试。比如，你至少要做到如下几条。

（1）避免犯罪。

（2）避免接触任何会让你上瘾的事物（譬如毒品）。

（3）避免伤害他人，包括身体和心灵上的（恶搞一下朋友还是可以的）。

（4）避免可能产生灾难性后果的事情（譬如在飞机起飞时跳舞）。

筛选之后，剩下的都是可以做的事情了。做这些事不需要提醒，不需要法则，如果非要一个法则的话，那就是"状态优先法"：如果有空，你当下想做什么就做什么。

执行"杜伊清单"，会给你的"玩"润色不少。大多数人的"玩"都中规中矩，大家一起玩，总不能只考虑自己的意愿，哪怕不喜欢玩水，被邀请游泳时，你也要在朋友面前装出一副很开心的样子。这是"打破舒适区"的娱乐，却没有符合你的心，很难尽兴。"杜伊清单"上的东西则不同，它们是依据你的意愿写下的，做起来会比普通的娱乐更加有激情。生活有了激情，工作、学习才会有动力。而且，我们拼命工作、学习不就是为了生活快乐、幸福吗？既然快乐与幸福是现成的，为什么不争取呢？即便你觉得做清单上的事很疯狂、大胆，那又如何？我很认同尼采[①]的一句话："对待生命你不

[①] 德国著名哲学家、语言学家、文化评论家、诗人、作曲家、思想家，被认为是西方现代哲学的开创者。

妨大胆一点，因为我们终将要失去它。"

你可以在手机里建一个新的清单，和我们日常的待办清单区分开，也可以买个本子记下来。不出两个星期，你就会对"自己"有更深的认识："啊，原来我不喜欢××而更喜欢××""原来××对我来说不那么重要"。有些事情即便还没能力去做，譬如你月薪5000元却想买2000元的森海塞尔耳机，当你意识到它对你很重要之后，你也会为它更加努力。

其实，只要能"听你心的话"，列不列清单都只是个形式问题。比如，今天早上没什么事，可以晚点上班，但闹钟把你叫醒了，你又很想继续睡一会儿，那就睡；你现在想跳舞，但又觉得好像有点害羞，那就跳，反正也没几个人注意你。很多时候，我们都会有一些可爱的"小想法"，那就去做，别埋在脑子里了。这些想法即便可笑，也是自己最真实想法。有次我洗澡的时候突然想吹泡泡，就真的用大拇指和食指围成了个圆，用沐浴露吹了几个大泡泡。这很傻，我知道，但这很快乐。

逆境心态：心态管理的防火墙

玩，是发展的长期原料，但并未涵盖人生的所有情况，比如人生三境："顺""平""逆"。这三境中，平境最常见，逆境也常见，顺境有没有都是个问题。玩，只是"平境"的心态管理方法。对于顺境，我完全没有发言权，而对于逆境的心态管理，我倒有不少经验。

其实，逆境可能是比平境更需要心态管理的人生境遇。因为太多人都被突如其来的逆境打倒、一蹶不振，或是丧失了原先的斗志，或是经过一年半载甚至好几年才恢复过来，浪费了大量时间和生命。蒋方舟①有一句话很在理："人一旦堕落，哪怕是短暂的几年，上帝都会以更快的速度收走你的天赋和力量。"如果我们能稳住心态，在逆境中尽量不认怂、不沉沦，也会早一点熬到改变的那一天。

有一个概念叫"逆商"，指的是应对逆境的能力。它的传播者说"逆商对人的成功，比智商、情商都更重要"，确实有一定的道理。人生，就是在变化莫测的山路行车，逆境便是突如其来的暴雨狂风，有的车子经受不住，只能开得很慢或者停下，有的受它们的影响，看不清路，直接落下悬崖。控制住逆境中的心态，就像在车上装了光线能穿透雨雾的大灯，让车子始终有方向，也始终能够前行。

我的精神导师查理·芒格在大部分时候都是以富有智慧、财富的形象示人。但他也遭遇过极大的逆境：29岁时，他的婚姻出现了问题，并最终离婚。不久，他得知自己最疼爱的儿子泰迪患上了白血病。在那时，骨髓移植尚未出现，白血病是无法治愈的绝症。有位朋友记得，那时的查理去医院探望垂死的儿子后，会痛哭着走在帕萨迪纳②的街头。

这算得上是一个大逆境，对谁都是。但他挺过来了，并在之后

---

① 中国青年作家，2018年《人物》杂志年度人物。
② 美国洛杉矶市的一个中等大小的卫星城市。

和相守至今的妻子南希·芒格相遇。怎样对付逆境？这位老人给出了他的答案，对于一位近百岁高龄的智慧老人来说，他的答案应该不会错，而我的亲身经历也告诉自己，他说得对。

他的答案共有三条。

（1）别期望太高。

（2）拥有幽默感。

（3）让自己置身于朋友和家人的爱之中。

我们先了解第一点。

别期望太高

人人都会遇到逆境。在逆境到来后，那些对未来充满希望、总是期待过高的人是最不快乐的人。因为即便一切顺利，那也只是在意料之内，稍有不顺就会徒增许多烦忧，事再大些，心态就崩溃了。

降低期望，是预防心态崩坏的疫苗。只有当你认识到世事无常，总有意外之事发生后才能"正视"逆境的存在：一帆风顺时，你既会超预期地高兴，又会居安思危，尽量避免坏的结果；而遭遇挫折时，你也会意识到"每个人都会承受这样的苦痛，我并不孤独"，相对坦然地接受现实。

在古罗马时期，有一个"斯多葛"学派，可谓把"降低期望"发挥到了极致。"斯多葛"在希腊语中是"石柱"的意思，即内心像坚硬的石头，不论命运如何都不为所动。有一位妇人，孩子已死去三年，却仍旧无法摆脱丧子之痛，斯多葛学派哲学家塞涅卡安慰她："我们拥有的一切都是从幸运女神那里暂借而来，她随时会把它收走。"

之后，他又说出了一句话，可谓斯多葛学派的格言："爱我们所爱，但要知道我们的所爱都如朝露。"一切都很短暂，家人、朋友的陪伴是如此，生命也是如此。

当然，如果你能在降低期望的同时又永远相信"美好的事情即将发生"，那就算是个英雄了。罗曼·罗兰说："世界上只有一种英雄主义，就是看清生活的真相后依然热爱它。"对生活盲目抱有过高期望，而非理性的乐观，只能叫"憨"。当然，有时候"憨"人也很可爱。只要不是期望过高或者期望过低，乐观与否与期望值大小没有多少关系。否则，怎么会有"抱最大的希望，尽最大的努力，做最坏的打算"这句话呢？这就是既降低了期望值又保持了乐观的体现。

降低对生活的期望是你面对逆境的第一道防火墙。

拥有幽默感

第二道墙——拥有幽默感，是我的长项之一，至少在生活中，我还不算是一个无趣的人。

如果说降低期望就是降低希望，偏向悲观，那么幽默感就是指向希望，偏向乐观。幽默感强的人更能够承受逆境，他们不需要"虚假的希望"，他们认清了生活的本质，却依然给自己和他人带来欢笑。

这一点，我高中的同桌做得算是很好了。有一次，她和我说："唉，我爸妈和老师都说我考好一个样，考差也一个样，整天笑嘻嘻的"。

我说："那不是很好吗？始终乐观啊。"

她愣了一下，说话的语调也弱了几分："可是考差了我也伤心啊，只是不说罢了。"

这句话点醒了我，我发现我和她一样：拥有幽默感并非一味地乐观，而是即便万念俱灰，也要想办法让自己笑出来。在黑夜里获得一点希望的火苗，也许哪天就"星星之火，可以燎原"。即便幽默的人开始悲观，他们也能获得更多的、真实的快乐。而在顺境或者平境中，幽默感会给你我带来更多的快乐、更好的人际关系和更和谐的氛围。

那幽默感要如何学呢？对于一些人来讲，这似乎与他们挨不着边。

我的建议是，如果你确实认为自己需要培养幽默感，比起学，练要重要得多。幽默不是讲笑话，而是从人（包括人说的话）、事、物中发现滑稽、可爱的地方，这是一门发现美好的学问。你可以看一些幽默的电影、电视剧，或者一些相关的书，然后每天时不时地练习开几句玩笑，不论你现在的幽默水平如何，多开几句无伤大雅的玩笑总不是坏事。

让自己置身于朋友和家人的爱中

有一个不那么著名的"火锅理论"，是我在网易云音乐评论上看

第 15 章 心态管理 | 快乐一点，好很多

到的，大概是：兄弟/姐妹们，如果你想不开，可以找一群人吃火锅。如果你做得到，说明你既有一些钱，又有一些朋友，那还有什么想不开的啊？如果你做不到，来找我啊，我请你啊！

读到这条评论，相信你心里也有一丝暖意升起。

确实，有的人家徒四壁，但这是有可能改变的，只是难易的问题。从贫穷到小康远比从小康到富足的难度低，况且我不信一顿火锅就能把人给吃垮了，你又不是去米其林三星餐厅。但是，不论一个人的财富状况如何，都有可能没朋友、找不到朋友。朋友在"火锅理论"的几个要素中，绝对占据着最核心的位置。

从 20 世纪 30 年代开始，哈佛大学持续了一项为时 75 年的研究，研究什么最能给人们带来幸福。结论是，金钱可以，爱情可以，但都比不上友情。在所有因素中，朋友能带给我们最多的幸福。

如果你已成家，或父母在身旁，你还有家人依靠，但若是一人在外打拼，你身边便只有朋友了。当你遇到困境时，找一两个真心朋友倾诉，会感到好很多。如果家人在身边，不妨卸下故作坚强的外壳，把柔软的一面展现给他们，他们一定会温柔地接住。

所谓"置身于爱"，无非就是在一起。在一段人际关系中，陪伴是最重要的影响因素。合租的室友也许原来互相嫌弃，但时间一久，大部分人也会看到对方身上好的地方。萍水相逢的人尚且如此，真心的朋友岂不更是如此？当你怅然的时候，多和朋友、家人在一起，对你走出困境一定有很大的帮助。即便你没有陷入困境，与朋友的感情也是珍贵的财富啊。

Ⅲ段的学习结束了。这一段，方法少了很多，更多的是对思维

方式和态度的讲述。长期能力受益于长期的塑造，也并非像Ⅱ段一样有立竿见影的效果，但坚持下去，不断改进，或者不断琢磨出你自己的新经验，影响也会像滚雪球一样越来越大。人生永远不会知道下一步会发生什么，而当它来到时你会很惊讶，因为你之前做的事，仿佛就是在为它做准备。

IV

效率远征之旅

第16章 方法
学了那么多"提效方法",你的效率提高了吗?

关于效率,市面上讲解的书已经太多了,我也读了不少高分作品。但是,在浩如烟海的书籍、文章中,只有不到10个方法、技巧被我采用。换句话说,其余的方法,听上去科学、高端,但都大同小异,或者用处不大,只有这几个方法提高了我的效率。

我们之前提到的"第三人称视角"便是其一。以前,我经常在做一件事之前磨蹭,看一会儿手机、看一会儿闲书,或者在没有尿意的时候偏要去上厕所,"开始去做"就很困难。现在,在做一件事之前,我会强迫自己先选择:A.现在去做,B.看手机。这样,我只耗费了一点点意志力,就能驱动自己克服拖延。

等你掌握了这个技巧,能去做自己想做的事后,效率就已经不低了。除非你还想精益求精,否则不用学太多和效率有关的知识,要学就学"高阶方法",才不算浪费时间。这也是为什么我把效率放在Ⅳ段,这一段,我们不会再回过头去讨论怎么"开始做",而是讲怎么在做的过程中提高效率。Ⅳ段讲的正是如何精益求精。

但是,如果你还没有掌握"第三人称视角""蛋糕切分法"这些方法,拥有想做就能去做的能力,学习Ⅳ段的内容也不会带给你太多好处,因为这些方法是按层级递增的。学了再多的提效方法,如果连开始做都困难,效率也高不到哪里去。

第 16 章　方法 | 学了那么多"提效方法",你的效率提高了吗?

场的奇效

关于提效方法,我们要先从一个叫作"场"的心理学概念开始讲起。

简单来说,场就是"有且只有特定行为发生的领域"。

图书馆的"特定认可行为"是看书与学习,你去图书馆会发现,几乎所有人都在看书,有的还是白发苍苍的老人。即便你很想拿出手机玩一会儿游戏,也会先假装在书架间逛逛,选一两本书带回桌子上,打算假模假式地看一两分钟,再偷偷拿出手机玩。但是,当你坐下后,瞟到旁边的两个人都把头扎进了书里,边看还边做笔记,这时,就算你再想玩手机,也会开始看你选的那些书。一般情况而言,你还会越看越入神。

这就是"场"的力量,它规定只能做"特定行为"的特点给了我们很大的影响。不管是什么场,其特定行为都会牵着我们的鼻子走。在场中,当你不遵循特定行为时,就一定会浑身不自在。

这其中的原理有两个:社会认同效应和凹槽效应。前者让新来者遵循做场内的特定行为,后者让场的影响越来越强。凹槽效应就是随着行为重复的增多,行为倾向会越来越强。而社会认同效应,说得通俗些,就是"从众":我们总有一种跟着别人做事的倾向。

罗伯特·西奥迪尼曾经做过一个实验:被试走进电梯,发现所有人都背朝着电梯门站着,完全悖于平常。但即便如此,他们中大部分人同样选择了转过身去,并时不时把头转回来看看到了几楼。

这种"从众"倾向在人感受到压力时尤为突出。一些人入职后,发现同事们都在混饭吃。他一开始也不愿随波逐流,勤勤恳恳工作,于是就会有人说:"哎哟,那么辛苦干什么啊,那老板就是个傻瓜,他才看不到你做的这些"。大多数人会先后加入"混饭"的队伍,只有极少数人能不被影响。而这,也源于场。这些公司的场是"老板在时工作,老板不在时度假"。当你不这样做时,一方面心理压力会加大,另一方面外部环境也会给你施压。压力会放大场的效果,使它对我们的影响更深。其实,邪教、传销组织也是这样影响人的。

所以,你的朋友、公司都是你的场,都会重新塑造你。近朱者赤,近墨者黑。我的几次大改变,无一不和优秀的朋友有关。朋友若不好,公司若颓,离场越早越好。

不过话说回来,如何用场来提高效率?以下有两个思路。

(1)去有利于提效的场,或离开抑制效率提高的场。

(2)自己构建一个场。

我们先说说第一个思路。

如果你要复习资料,自己又经常分心,就可以查一查附近的图书馆、阅读室一类安静、有学习氛围的场所,去那里学习。如果你刚入职不久,周围的人都懒洋洋的,自己又不甘心职场上升通道关闭,最好换一家公司,或者换一个部门。这些行为都属于选择一个氛围良好的场,用场的力量带着你朝你想去的方向走。

第二个思路才是重点。大多数情况下,我们家附近没有那么好的学习场所,工作也不是想跳槽就跳槽,无法依赖外部的场。所以,我们要学会自己构建一个场。这有难度,还需要花费不少意志力,但它正好也证明了我们的一个思路是对的:节约意志力,因为有太多事需要它。

以我的朋友夏松为例,看看该怎么构建一个场。

他在一家老企业上班,月薪七八千,前景不大,身边还有一帮吃懒饭的"职场油腻男"。他知道,因为高中、大学贪玩,导致自己现在没勇气、也没能力跳槽。但是,他隐约感觉自己已经受这种氛围影响,上班没干劲、效率低,经常加班;回家倒头就睡,也不运动了,才入职一年就胖了15斤。

很明显,他受到了场的影响,不仅拖低了效率,甚至还干扰了生活。我告诉他,现在必须先接受"暂时没法改变"的现状,再想办法。夏松的"工作场"已经被破坏了,修复的可能性很低,现在,得想办法塑造他家里的场,让家成为他的充电站。

我问他,他想要什么。"好好学习,好好运动。"他讲。如今低效状态已经影响了他的学习,他一直坚持一边上班一边学些别的知识,以便日后翻身。以前,他在哪里都能学,现在,在哪里都学不进去。即便在家里,他看两三页书、听几分钟课就忍不住拿出手机。运动也是一样,最开始天天跑步,现在动也不动。

我问,你有书桌吗?他说有两个,一个小的,一个大的。我告诉他,当下最好的办法,就是选一个书桌出来,只用来学习。你可以在这个书桌上看书、听课以及进行必要的休息,但是在这张桌上除了这三件事,其他什么都不能做。如果学的过程中想玩手机、回短信,那就离开书桌,到别的地方去。

很明显,这是利用凹槽效应来构建的场:刚开始会耗费一定意志力——忍住在这台书桌上做其他事,要做得先离开这里。但之后会越来越轻松,因为你在书桌上的"行为凹槽"在不断强化,你坚持的时间越久,就越不愿意打破这个规律。换言之,场形成了。

关于运动,他说他钟情于跑步,我让他买一双好看的跑鞋,只能在健身、跑步的时候穿。这样,通过同样的原理,认识跑鞋的神经元和关于跑步的神经元连接在一起,形成条件反射,穿上这双鞋就代表要去运动。而怎么跑,就交给习惯养成法了。

不过,上述很多内容都是他听完原理后自己琢磨出来的。而概括下来,这个创造"场"的过程无非就两步。

(1)明确你需要什么"场"。

(2)着手去构建场,这个场可以与空间有关,也可以和物件有关,但必须保证在其中做且只做特定行为。

我在我的笔记本电脑中分了两个账户,账户2用来娱乐或者工作,而账户1只用来写作。你看到的所有文字都是在账户1上打出来的,它有且只有一个用途:写作。账户1的系统除了输入法、WORD、轻音乐和必要的搜索功能外,什么也没有。它就是我的一个场,只有在这个场里,我才能写出字来。

一页纸工作法

"场"是一个让你专心只做一件事的空间,不过,即便力量再强的场,也可能经常被其他事打破。你把你的小办公桌变成了专心工作的场,除了工作以外的事,都要离开座位、到别的地方解决。但是,你还是会面临各种各样的干扰:客户发来的邮件、团队讨论,或者上司派的一大堆"临时任务",这些事情处理起来都会打断你在场内做的事。

除了团队讨论没办法对付（你不可能让世界围着你转），其他的都可以用一个方法解决：一页纸工作法。不论你在专心做什么，都拿一页纸放在旁边。有什么想法、接到了什么任务，先草草地写到纸上，等完成了手头任务，再去处理它们。

我们之前讲过，要用"72小时法则"来判断一件事要不要做，但使用这种方法需要耗费一定的注意力。所以，在你把注意力全部投入工作时，最好别使用它。更简单的方法是把一切想到的、接到的都记下来，事无巨细。有了念头随便写几个字，马上又回到工作中，这样，你的注意力就不会被打断。

图 16-1 所示为我鬼画符一样的"一页纸"。

图 16-1 我的"一页纸"

一开始学到这个方法时,我只觉得自己太笨,早该想到的。我的一位教师朋友讲过他的一位学生,那位学生在市里是数一数二的学霸。上课或者晚自习的时候,她的同桌会时不时和她讲话,但她从来不理,大概是这种情况:

"唉唉,你看这道题怎么做啊?"

不回答。

"我觉得这一节挺重要的。"

不回答。

总之,她从不在学习、思考的时候搭理任何人。

你可能会想,她只是成绩好,人际关系一定很糟糕。

恰恰相反,她人缘很好,身边的人也都尊重她。因为,她会记得每个人在她专心学习时说过的话。下课后,该给同桌讲题就讲题,该评论时评论,给别人一种既有原则,又重视别人的印象。这样,她成了一个"不孤独的学霸"。

就算你我脑子没有她的好用,但用一页白纸,效果也一样能达到。记录下专心工作和学习时出现的一切事务,既排除了干扰,又不会漏掉某件事。休息时,再用"72小时法则"把白纸上的事筛选一下,加到自己的清单里,找时间去做。

番茄工作法

虽然连五年级小朋友都听说过番茄工作法,但它依然是提高效率最厉害的工具之一。

第16章 方法 | 学了那么多"提效方法",你的效率提高了吗?

使用它,需要先设一个番茄钟(闹钟),定一个工作时间,然后开始倒计时,其间专注工作,时间到了,番茄钟会响起,提醒人休息。休息时也会计时,时间到了又提醒人工作……这样循环下去,方法非常简单。

它的精髓有两个:第一,把工作和休息严格分开,防止工作一会儿玩一会儿的情况发生。这种做事习惯往往会把两个小时就能搞定的事情拖成三四个小时甚至更多时间才能完成。其原理是"帕金森定律":只要在规定时间内完得成,不论任务量有多小,其最终完成时间总是接近截止时间,因为有很多时间会"开小差"。

关于帕金森定律,有个老掉牙却很真实的例子:一位阿婆去给侄女寄明信片,她用了1个小时找明信片,1个小时选择明信片,30分钟找侄女的地址,又用了1个多小时写祝词。寄信时决定是否带雨伞又用去20分钟。做完这一切,老阿婆累得不行。而同样的事,一个忙碌的人可能花5分钟在上班路上就做完了。这位阿婆就是太闲。大多数时候,我们的工作任务没有这么多,然而一边玩一边工作会磨损掉大量的时间。

这样做事怎么看都不划算。如果你只是为了完成没有那么重要的任务,那还不如尽情地玩,拖下去,等到截止日期前再动工,享有最大份的快乐。但如果你需要做的工作比较重要,或者你想提前完成以便做其他事情,那最好把工作和休息分开,工作时专注工作,短时间的专注优于长时间的涣散。专注的效果更好,也更省时间。

但这不是重点。

刚才只是告诉你"为什么要用番茄工作法",而非怎么用。真正重要的是即使知道这个方法也没法解决问题的情况，比如总是分心。刚开始使用番茄工作法的人，大多会在前几分钟很专注，但之后脑中的事越来越多：昨天吃的寿司、男朋友的短信、上司的言辞……这些东西你没法记在纸上，它们只是你脑子里闪过的念头，但确实会影响你的工作。那么，怎么应对这些杂念呢？

三个字：慢慢来。我们之前讲过习惯养成法，不论你要处理什么类型的任务，都可以从 10 分钟（甚至三五分钟）的番茄钟入手，觉得还能继续做便逐渐延长，一步一步延长专注的时间。时间管理的每一项内容都是一种技能，是技能就得练，也得循序渐进。

此外，关于番茄工作法，还有个问题也很常见："工作和休息时间分别设置多久才合适？"

对于这个问题，《时机管理》和《巅峰表现》两本书的回答基本相同：每工作 50 分钟左右休息十几分钟。其中，最佳的配比是工作 52 分钟休息 17 分钟，这能保证你的大脑处于最佳的工作状态。

当然，这也不是绝对的，这得取决于你在做什么任务。

李梁是从事广告业的，他的番茄钟工作时间一般只设为 25 分钟，休息却要 10 分钟。因为他需要经常和大家交流，专心工作一阵后，又要花几分钟简单讨论一下，真正的休息时间也就 5 分钟。

而我写作时，番茄钟一般都设为"黄金配比"，因为写作时心流[①]很重要，思路的连贯性一旦被打破，想回到轨道上又得费一番工夫。

你要根据自己的情况来调整比例。但再怎么调整，工作与休息

[①] 一种将注意力完全投注在某种活动上的状态，在此状态中，人们难以被打扰，也抗拒中断。

时长的比例也有大致的规律，大概是 3:1~5:1。如果你刚开始使用这个方法或工作量比较大，就选择 3:1，反之选择 5:1。但要注意，工作时间不能过长，大于一个半小时，就不必使用番茄工作法了。

专注之大者

你以为这样就可以了？别忘了，番茄工作法有两个精髓，刚才的"分开工作和休息"只是第一个，而且内容偏理论。剩下的一个才是高度实操性的，那就是"专注"。

这不是废话吗？

工作与休息分开不就是为了专注吗？先从小的番茄钟开始，逐步增加单次番茄钟的时间，不也是为了专注吗？是的，但这些都不是"专注之大者"。郭靖告诉杨过，自己行侠仗义，救人于困厄只是本分，是侠之小者，而"侠之大者，为国为民"。刚才的"分开工作和休息""逐步增加番茄钟时间"当然能提升专注力，但它们都只是"专注之小者"。根据自己多年的经验和无数案例，我总结出了如下规律。

专注之大者，远离手机。

提效的猛士，敢于面对没有手机的工作。真正摧毁我们效率的，是分心，是不专注，而不专注最大的根源来自手机。你有没有想查个资料，打开手机时，却被各种推送搞得忘了自己本来要做什么的经历？你有没有看着书，或者听着课就忍不住拿起手机来刷的经历？最严重的是，普通人一刷还停不下来[1]。

---

[1] 希望学过"极小动作法"的你能停下来。

番茄工作法高手很少有老老实实计时的，都是凭感觉。感觉过了半个小时，就休息五分钟左右，他们把番茄钟内化了。但他们有一个共同点，就是工作时决不让手机干扰自己。只有这样，才能真正做到将工作和休息分开。

但是很多人不用手机不行，有微信中发的文件要收，有部门的电话要接，还有……总之，离开手机工作就没法做了。

我有三个办法，你可以根据情况选择。

增加阻力

简单来讲，就是将手机能放多远放多远。

上班时，除了有人打电话[①]或微信上重要的联系人发来信息，其他情况下我的手机既不会震动也不会响铃，我会等工作完以后统一抽时间看和回复消息。这样，我就可以放心地把手机放到最底层柜子里的最底部。工作时突然想看手机，需要先弯腰，再拉柜子，接着翻很久，行动的阻力很大。绝大多数时候我会知难而退，放弃这个念头。而有来电、重要来信或消息时，我依旧可以在20秒内查收。保证工作时无手机，有手机不工作。

而在家里看书、学习时，我会把手机扔到床上，离书桌有好几米的距离，并拿被子压住它。每当想看手机时，看到手机离我那么远，又有东西盖着，就会死了这条心。但如果有人打电话，我依旧能听见。这样，既能保证我在工作时专注，又确保了我在有电话时可以及时回复。

---

① 选择打电话一般是有紧急的事。

手机分身

增加阻力是我最推荐的方法，也可能是最有效的方法。但总有特殊情况：有些工作必须在手机上处理，有些书只能在手机上看，这样，将手机放远点的方法就行不通了。万幸的是，现在很多手机都有"分身"功能，即一个手机可以有两个操纵界面。我们之间讲过"场"，一个只能用来写作的计算机账号是我的场，同理，你可以把你的手机分成两个场，其中一个是工作、学习的场，一个是玩的场，每个场里都只装相关的软件，如图 16-2 所示。

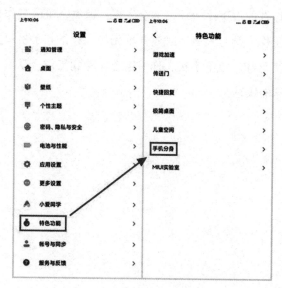

图 16-2　MIUI 的手机分身

这样，手机上工作、学习时的界面只有相关的 App 能用，避免了使用手机时划划这个、点点那个。而玩的时候也没有工作的羁绊，保证做得专心，玩得尽兴。

效率 App

效率 App 和手机分身的效果差不多。很多番茄钟的 App 支持"锁定"模式：在你开始使用一个番茄钟时，除了你事先筛选的应用——通话、学习、工作 App 等，其余的应用都打不开。即便你想玩一会儿，除非是编程高手，否则也没法打开。

比起手机分身，这种方法更适合新手。因为只有在使用番茄钟的时候手机才会被锁定。这样既能培养使用番茄钟的习惯，又能达到"远离手机"的目的，一举两得。

而当你真的放下手机后，你会发现，远离手机的工作也没有那么糟糕。工作、学习大多数时候并不无聊，只是和手机里的缤纷比起来才显得乏味。放下手机，你一定会体验到工作、学习带来的那份原汁原味的快感。

第17章 正面
提高效率的另一面（上）

在当下的社会，创业的人越来越多了。但不客气地说，在这些创业者中，有多少是能力配得上梦想的？大部分创业公司都在沉寂中离场，连昙花一现都是奢侈。我们对自己的能力、处境了解得太少，最终在他人眼里，也只能是"疯子"。而看清自己，也正是本书一直强调的一点。

创业者的盲目自信还反映了一种心理倾向：我们经常重视自己容易得到的信息，而忽略不容易得到的。成功者的成功经验、理论很容易获得，看几本自传、听几次演讲就行了。而他们的具体情况、拥有的资源却需要深入调查，我们在比较自己与他们的不同时，更需要深入思考。而我们关注的往往是前者而非后者，这种心理倾向叫"错误衡量易得性心理倾向"，看似高深，归纳起来就是——我看见的，便是好的。

在"提高效率"方面，人们也容易犯同样的错误：××工作法、××原则、××效率孵化器，这些所谓的"提效方法"层出不穷，给人们一种"提效方法很重要"甚至"有了好的提效方法就可以变得高效"的错觉。实际上，是我们高估了这些方法、技巧。

提效方法只是效率的一部分，它的作用只有一个：提高单位时间的个人输出量,加快学习和工作的速度,在同样的时间学到、做到更多。它是一股巨大的能量,注入我们的学习与工作中。它不是高效,而是"高能",即高密度的能量。效率至少还包括两个维度。

(1)这股能量到哪儿去?(效率导向)

(2)这股能量从哪儿来?(效率补给)

第一点实际上是强调把最高效的时间留给最重要的事。而第二点就不得不谈到"持续"高效的动力问题。

这一章,我们先看看提高效率的另一面中比较容易看到的地方,我称其为"正面"。

每天的一个半小时

我一直认为,"高能"人士中很少有人是自律高手。他们完成了很多任务,感觉自己天天都在进步,但境遇却没有改善。别人都升到了管理层,他们却还在基础部门勤勤恳恳耕耘。这种人真的是在"瞎忙"。不论你效率如何,只有把最高效的时间让给你最重要的事情,才能避免"瞎忙"。

比如,J.K. 罗琳经常清晨 5 点走进厨房,把菜板当作书桌,构思、创作自己的小说,其中便包括《哈利·波特》。如今,《哈利·波特》系列书给她带来的收入超过了英国女王的总资产,使她成为英国最富有的女人之一。而如果她没有把早上的这几个小时拿来写作,却拿来打工,为多赚几英镑工作,她今天最多算个中产阶级人士,我们也就没有读《哈利·波特》的福分了。

再如心理学大家荣格，他的乡间别墅旁有一座塔楼。每当他需要思考时就会进入塔楼，在里面闭关很久。等他出来后，又会散步、钓鱼，和一个生活在乡下的普通人无异。但是，正因为有了在塔楼里的思考，才最终诞生了《红书》等一系列作品，也使荣格成为继弗洛伊德之后对心理学发展影响极为深远的人。

举这两个例子不是为了告诉你"做有价值的事，你一定会成功"这类不一定正确的话，而是要说明一个简单的"二八法则"：20%的努力决定80%的成就。如果一味追求提高效率，却把高效的精力用来处理不重要的事情，那就是在拿削铁如泥的刀来切豆腐。

当你有了一个大愿景，知道该朝什么目标奋斗后，试着每天完全专注一个半小时在那上面。刚开始尝试时可以是半小时、10分钟，甚至1分钟都可以，只要能着手做那件事。在习惯养成的最后，达到坚持一个半小时。除了可以播放一些不太吵的音乐或白噪音，时不时休息一小会儿以外，全然专注于手头的事。这段时间，其他任何事都不要做。时刻提醒自己：这是一天最重要的时候。小事情可以受打扰，但这件事绝对不行。

它既能帮助你高效，又能锻炼你专注的能力。哈佛大学心理学教授本·沙哈尔就认为这个练习至关重要：每天专注一个半小时，你的整体专注力会有极大的提升。

如果你有战略，那就做"战略"的内容。战略是你的破局指南，最高效的时间如果不至少分一半给战略，战略就无法连续执行。很多时候，我们会有一些其他的重要的事要做，比如接待客人、朋友聚会之类，留给战略的时间就没了。既然没法保证每天都给战略充足的时间，就只能在能给的时候多给一点。

不过，如果你是"工作和理想分开"的人，工作中的事既与大愿景无关，又不关乎战略，那就只能在工作之外的时间专注了。尽量选择晚上的时间，这个时间段，你的状态最好。

有本书叫《最重要的事只有一件》，其主旨是，把人生最重要的那件事做好，磨炼到极致，其他事情就算不管、随意去做也一样能获得成功。虽然这种观点有失偏颇，但是，用最好的时间来做最重要的事，把它做好，是一定没错的。把高效时间用到该用的地方，是提效的第二个维度。

休息的威力

第三个维度是效率的补给，可以用一个词概括：休息。

休息并不属于提高效率的方法。一般的提效方法是指在做一件事的过程中运用特殊的技能，提高单位时间的产出。但休息与提效密切相关，越会休息，效率越高，说它是高效的原因毫不为过。

在美国，每年死于医疗事故的人比死于交通事故的人还多。之前我们了解过清单的魔力，知道如果利用好它就可以降低医生的失误率。但这还不够，医生是人，不是机器，总有犯错的时候，那么除了清单外，还有什么办法能让他们降低失误率，多救几条人命呢？

你一定想到了——休息。

在《时机管理》一书中有一个例子，一所大医院给医生们做了专业的培训，培训的内容是"如何在重大手术前休息"。医生可以休息的时间很短，因为病人也等不了太久。但这之后，这家医院的手术死亡率下降了18%，相当于原先有5个人因失误而死，现在减少到4个，比列清单的效果还好。

本·沙哈尔教授在一次演讲中讲过一个案例：他的一位培训正念冥想的朋友受邀去华尔街交易所给那些濒临崩溃的交易员培训如何"休息"，他们的工作是看股票、买股票、看股票、买股票……长期高压的节奏摧毁了他们的健康、心态，尽管薪水不低，离职率却始终居高不下。

他的朋友找到交易员，说："有个办法能立竿见影地改善你们的压力状况，而且非常简单，你们只需要工作30分钟、休息5分钟就行了。"

"我的天！"那些人大叫，"5分钟！你在做什么梦！我们必须时刻盯着价格表，一点价格变化可能就是上百亿美元的变动，你居然想让我们放下它休息5分钟！"

工作30分钟、休息5分钟的比例是6∶1，已经算低了。但他们的工作连这种休息方式都满足不了。

"那么，3分钟怎么样？"

他们摇头："3分钟也太长了。"

"1分钟呢？"

"太长，"一些人继续摇头，"也许1分钟对你来说很短，但对工作中的我们来说，1分钟内足以发生太多的事情。"

他几乎绝望了，做培训这么多年，他还从来没有遇见过工作30

分钟、休息 1 分钟还嫌休息时间长的。

"那么……"他的声音弱了很多,"30 秒行吗?"

"不……等等,"他们讨论了一小会儿,像是做了一番挣扎的样子,说:"应该可以。"

终于,一束微光打在了培训师心里。他说:"那你们这样,每过 30 分钟,闭上眼睛,做 3~5 次呼吸训练,不要考虑工作,把注意力放到呼吸上,过了 30 秒再继续工作。"

几个星期后,他收到了反馈消息:那些受过培训的交易员都无一例外地认为自己的精力、心态有了极大的改善。而这一切都源于一个小小的、30 秒的休息。

"不标准"的休息都有如此强的威力,那标准的休息呢?用一个每个人都经历过的事举例:考试。《时机管理》还记录了一项研究,是关于考前休息的。一般在考试前,"好学生"们会乖乖坐在座位上看书,或偶尔离开座位问个问题。而这时,你喊他们出去玩一下,是没有人会同意的。而这项研究恰好表明,如果考生在开考前的 20~25 分钟疯一下、玩一会儿,成绩不降反升,提升的幅度大致相当于比其他人多上了三个星期的课。

《巅峰表现》中用了一整章的内容和两位数的案例,只为论证一个公式:成长 = 压力 + 休息。如果只知道工作、学习,不懂休息,人的潜能是很有限的。

休息的方法

对于休息能让人保持高效的观点,你可能已经认可了:休息能让我们减少错误、降低压力、增加精力、激发创造力和重新点亮大脑。没有休息,几次"高能"工作就会让你精疲力竭。但只要休息后,能量便能重新注入我们的身体。休息就像一个水泵,给我们的身体提供源源不断的能量。

不过,获得高效能量以及上述诸多好处的前提是你会正确地休息。我的朋友阿楠很重视休息,也坚持使用番茄工作法,每工作30分钟就会休息一会儿,拿出一本小书来看。有一次,她在我面前看起了《历史的温度》。按道理,看一会儿闲书也算休息,但她的休息效果并不好,休息完依旧晕头晕脑的。

那是因为她在看书的时候大脑一刻也没闲着。她感到某种意境、思考某种哲理时,都是大脑神经元一点一点放电的结果。除非是字数很少的漫画,其他书都要消耗不少能量,只是与工作相比消耗的能量少了些。她以为自己在休息,实际上大脑还在工作。

人们都以为自己会休息,实际上他们不会。休息是一门学问。只不过每个人的工作、精力都不同,休息也很难有什么统一的方法。不过还是有一些原则,你可以根据以下这几个原则来选择适合自己的休息方法。

脱离工作

这一点最重要。工作时间久了会有惯性,即便去休息,很多人也会无意识地惦记着工作。如果你休息的时候脑子里还想着工作，大脑神经元就会无休止地放电，休息的效果自然大打折扣。这时，最好的办法就是进行冥想或者呼吸练习。接下来讲的是呼吸练习。

先坐下来，闭上眼（如果周围人多，就不用闭眼了，平视前下方也行）。然后从脸或眼睛、脸颊开始，觉察自己绷紧的肌肉。接着是脖子、躯干、手臂……保持均匀的呼吸，体会呼吸时每处肌肉的感觉。这个练习可以把你的注意力放于身体上：手臂是什么感觉？肩部呢？有时候，绷紧的肌肉会一下子松开，这种感觉很美妙。

另一种练习更简单，照例是先闭眼，然后开始呼吸。呼吸时注意哪个部位感受最强烈：鼻子，喉咙还是肺部？然后，每次呼吸就把注意力放到那个部位，均匀吸气（放慢速度，进行腹式呼吸），呼气，这样重复三五次，用不了 30 秒，你就能把工作抛在一边了。你也可以接着采用别的休息方式。深呼吸能触发我们的副交感神经[①]，从而使我们平缓情绪、降低压力，当然，最重要的功能还是让我们暂时忘掉工作。

除了呼吸练习，还有很多别的方法。发会儿呆，眺望雨中窗外的景色，都是我休息时喜欢做的事。你可以喝一杯水，吃点水果。只要休息时别想着工作就可以。

[①] 人有两种神经，交感神经和副交感神经。研究表明，副交感神经能够平和情绪、缓解焦虑甚至令人产生困意。

动优于静

休息时可以做一些简单的运动。走一走、上个厕所、接杯水、拉伸一下肩颈，这些动作简单、省力，又能带给你一定的活力。特别是对于番茄钟时间设得较长的人，这个原则更重要。久坐会增加糖尿病、颈椎病等多种疾病的患病风险，是危害健康的一大因素。而坐大约一小时之后，站一会或简单活动两分钟，就能有效抵御久坐带来的危害。

对都市人而言，手臂和肩颈的状况最值得关注。手臂长时间在桌子上劳作，而肩颈又为了工作承受了巨大压力，休息时，活动手臂、拉伸肩颈就很有必要。不然，不只是得病这么简单，你还会承担另一个极其严重的后果——变丑。体态对一个人的气质影响很大，我想你也了解，没人会觉得一个弓腰驼背的人很帅，或者很美。

用耳用嘴不用眼

工作后，你的眼睛已经够辛苦了，也该让它们休息一下。除非休息时间很长，否则还是不要用眼吧。虽然在现代都市快节奏的工作和生活方式下，健康状态几乎注定要不同程度地打折扣，但是我们对于保护身体还是得尽好自己的一份力，尽量减少这种方式对我们健康的影响。

你可以听听歌，听听相声、评书、看看脱口秀这些不费神的节目，用耳休息，也算忙碌生活的一点点娱乐。工作间隙泡杯茶，听听音乐，可以说是不错的享受了。此外，还有用嘴——不是吃东西，是和别人聊天（与工作无关），八卦、新闻，什么都可以，只要别影响接下来的工作即可。和别人聊天休息的效果通常要好过自己发呆。不过也要掌握分寸，没几个人能忍受你每隔 30 分钟就来找自己闲聊。自己单独休息还是与别人一起休息，需要合理安排。

但休息也有个大忌：如果不是完全忍不住，请别打开任何短视频和游戏，看看文章都比做这些好。一旦你将注意力放在那上面，不仅在休息完工作时回不过神，效率受影响，还可能导致大脑过早退化（尤指那些低质量的视频）——它在麻痹、影响你的神经。延缓大脑衰退或者说"避免变傻"，需要快乐、思考、学习，还有运动，而不是手机里的一声声"哈哈哈哈"。

换种花样

有的时候，工作的确很多，根本腾不出空休息，上面的三个原则仿佛成了空谈。这时只能采取相对保守的策略：换种花样。你在做事情 A 做累了的时候，转身去做事情 B，做一会儿 B 再回去做 A。

任何事都会发生"边际收益递减"。罗斯福曾请一位记者吃三明治，原因是记者采访他连任三届总统是什么感觉。看到有三明治，记者便觉得很爽；吃了一个，感觉更爽；吃第二个时，记者便觉得味道一般，没有之前那个好吃；看到第三个时，记者怎么也不想吃了。罗斯福笑了，说："你现在知道我的感受了吧？"

这就是边际收益递减。随着收益次数的增多，到达一定限度后，单次收益的大小就会下降。我们处理事情也一样，在一件事情上耗得越久，效率就会越低；同样的时间，产出就越少。如果你已经在一件事上花费了太多时间，却还有很多事情需要处理的话，先去做其他的事吧。

做其他的事，最好也遵循上面的三个原则。写了很久的文案，那就跑跑腿，去拿几份资料；看了很久的报告，那就走动走动，和其他人交流一下。这样做既算不是严格意义上的休息，也能够助你提高效率，给你的身体注入一点点能量。

第18章 侧面
提高效率的另一面（下）

关于休息，我们需要学的内容太多了，我们尽量简化讲解。但因为很多人对休息有太多的误解，所以这里还是要费一番笔墨。而本章介绍的这些比较深入的休息法因为鲜为人知，所以便成了我认为的"侧面"。

除了工作间隙时休息，还有别的休息场景。接下来要讲的，是第二个常用场景：睡眠。

小睡一下很怡情

睡眠是最长的休息，而睡眠管理的内容之前已经讲过。这里探讨的，是一种特殊睡眠：午睡，也叫小睡。

医疗事故和交通事故都有一个高发时间段——下午。汽车下午（特别是 2:55）最容易撞向防护栏，医生下午最容易犯错。以医疗事故为例，杜克大学医学中心统计了 9 万台手术数据，发现上午 8 点麻醉师犯错对病人造成伤害的可能为 0.3%，下午 3 点就飙升到了 1%，翻了三四倍。

这提醒我们尽量别在下午开车、看病。结合之前讲的"状态曲线"的内容,你也很容易理解。下午一般是我们状态最差的时候,也最容易犯错。不过,这个问题有办法解决吗?

当然有啦,只需要休息一小会儿,就可以大大降低它的影响,休息的方法正是"午睡"。

很多公司都很重视员工午睡。在硅谷,甚至有公司专门为员工准备了全套的睡眠工具,保证员工有两小时左右的午睡,提高下午的效率。但事与愿违,这些员工下午工作的效率更低,更容易走神、犯错。因为人做事都有惯性,睡眠也不例外。午睡时间太长,反而会让大脑始终处于"混沌状态",一下午都昏昏沉沉的。每个人都有过已经醒了、却还是感觉在梦里的经历。超过 1 小时的午睡虽然爽,但对下午的效率而言,还不如不睡。

好的午睡必须符合它的名字:小睡。睡眠时间一般在 25 分钟左右(5 分钟准备入睡时间 +20 分钟睡眠时间)。研究发现,人如果能有 25 分钟左右的午睡,就会拥有下午 3 个小时的高效时间。

小睡,对想睡觉的人要求不高,特别是常驻办公室的人群。不需要一张床、一床被子,只需要一个小抱枕或靠枕就可以了。使用前者可以趴在办公桌上,使用后者可以直接靠在椅子上。如果周围有点吵或过于安静,可以戴上耳机,开低音量,播放白噪音,或干脆买副好点的耳塞。房间太亮,买副眼罩;温度太低,披条毯子。这些小东西花不了多少钱,却可以提高你一下午的效率。晚上回家也不至于立刻趴在床上,而是可以看会儿书、运动一下。

不过,"25 分钟"只是个建议,或者说是平均值。适合每个人小睡的时间也各不相同,你需要探索你的"最佳小睡时间"。方法很简单,不到一个星期,你就能琢磨出来。

(1)以 25 分钟为起点,定好闹钟,体会被叫醒时是否还想睡。

(2)如果不想再睡,再尝试进行几天 20~35 分钟的小睡,找到一个睡起来时人感觉更精神的时间。如果还想再睡,下次设定时间时加 10 分钟,比如我,从 25 分钟到 35 分钟再到 45 分钟,直到找到一个我觉得睡醒时感觉比较精神的时间。

(3)大部分人做完第 2 步就可以了,但如果你想让小睡的时间更"精确",那就将你选定的那个时间加减 5 分钟,试探一下。我在 45 分钟后起床比较精神,接着,又试了一下 40 分钟和 50 分钟,发现还是睡 45 分钟最舒服。这回得到的时间就很精确了。以后每个中午,我都按这个时间午睡。

除了拯救下午的工作,小睡还有一个好处:不妨碍晚上睡觉。一些人选择不午睡,是因为他们想晚上早点睡觉,担心中午睡了晚上睡不着。这种担心是有依据的,一般而言,人一天睡 8 小时就"睡饱了"。但是,小睡要排除在外,这种睡眠程度浅,除了能让你下午精神点外,并没有什么别的影响。

休息的王牌:冥想

讲完工作时间的休息和小睡,接下来便是休息这门艺术的王牌了:冥想。它是一个绝好的休息方式,每天只用几分钟(最多十几分钟)就能够显著减轻焦虑、压力带来的影响,人们的心态也会因此变得更加积极乐观。桥水基金创始人瑞·达利欧曾表示"冥想是对我帮助最大的习惯",除此之外,乔布斯、比尔·盖茨、贝佐斯、塔勒布都很重视冥想。它是一种"清理大脑垃圾"的活动,把生活对大脑的创伤、压力淡化,在呼吸之间提高自己的专注力。

曾经有人做过实验,让尼泊尔僧人与普通人一起做脑部核磁共振扫描,分析发现,对应冷静、平和与专注的大脑区域,僧人要比一般人强得多。他们还让僧人们在不知情的情况下听到剧烈响声,僧人也远比一个看电视看得津津有味的人冷静得多,这也印证了实验的结论。善于冥想的僧人,大脑波动更小,也更冷静,至少和我们比起来是这样。

其实,练习冥想后,我自己深有体会:一是它使我更专注。在我写作、学习的时候,即便有人喊我,我也能在回应时使思路不被打断。二是我变得更平静。就拿追剧为例,一些悬疑剧往往会先播出诡异的背景音乐,然后出现主角在黑暗中摸索的画面。这时候,主角害怕,观众更害怕。但偏偏这会儿,一声尖叫响起,不少观众都会发"吓死我了"的弹幕。以前我也是这样,而现在,只要不是太恐怖,我最多眉头一皱,这种场景对我影响小了很多。

冥想还有很多好处,讲案例的话一本书的篇幅也不容易概括全,所以,这里先给大家列一个"好处清单",每一项都已经过实验证明。

它能增加正面情绪;

它能减轻抑郁;

它能减轻焦虑、压力的影响;

它能让你拥有更多同情心;

它能让你更好地控制你的情绪;

它能缓解孤独；

它能帮你对处境做出更精确的评估；

它能增加大脑灰质厚度，提高记忆力、思考能力和专注力；

它能提高自制力；

它能减轻身体疼痛；

它能在细胞层面减轻炎症；

它能增强免疫力，包括抗体数量。

这一系列好处如果打包卖给你，而你每天只需要付出 10 分钟不到的时间，你买不买？哪怕只有上面的一两个好处，花时间买都是划算的。

所以问题来了，怎么冥想呢？如今，正念冥想的书籍、课程很多，质量也参差不齐。先介绍一个名为"三步呼吸空间"的方法吧，这个方法非常简单实用，每天只需要 3~5 分钟[①]。它是牛津正念中心马克·威廉姆斯教授领导制定的一个练习，是正念认知疗法最重要的练习之一。学完之后不妨马上试试，感受一下它的作用。

第一步：观念头，察情绪

先将身体挺直，可以坐也可以站，但尽量别躺着。保持一个舒服、挺拔的姿势，放空大脑、放松紧张的肌肉，快速扫描一下全身，并开始观察头脑中的念头。你可以问问自己：我现在体验到的是什么？

---

① 时间太久也不行，一是需要意志力，二是说不定还没得到好处，身体先撑不住了。

念头是一辆辆火车，而你是火车站上的旅人。很有可能你一不留神就坐上了火车，甚至走了很远。你知道，现在你要做的只是看着火车经过，而不是坐上去，所以，当你发现你已经上了火车的时候，跳下来。

不带有一丝评判，不要去想"我怎么可以想这个""这好像有点意思"之类的，你只需要在意识到自己又被一两个想法带跑了的时候停下，继续重新把注意力放回呼吸。念头涌现就像是在水上写字：出现，消失；又出现，又消失。

一位学徒和高师学习冥想，学徒一开始满脑子想法，但师傅让他坚持练习。之后，学徒渐渐能在想法中回到专注呼吸，再后来，他能做到冥想时毫无想法、念头，他以为自己已经把功夫学到家了，于是向师父报告。

"继续练，你还可以进步。"师父说。

他继续练习，很快，脑中又有想法冒出来，他想压制，但适得其反，想法越来越多。他只好放弃抵制，在发觉自己跟着想法走的时候"逃离火车"。他很沮丧，自己好不容易练就的"功"破了，他也将这告诉了师傅。没想到，师父说："你现在又进步了。"

而这，才是冥想练习的真谛。不管脑子里有多少想法，只要能重新把注意力放回到呼吸上，就是好的冥想。

观察想法之后，你可以开始观察情绪：如你当下感到平静、愤怒、悲伤、快乐等。你可以在你脑中把情绪变成文字，但要注意，你只需要观察情绪，而非它出现的原因，如背叛、失恋、升职、加薪，感受你的感受，开放、不加评判地观察情绪。

继续呼吸。内观结束，可以感受一下有哪些部位是紧绷的，或者感受身体与椅子/地面的接触，慢慢把注意力放到身体上来。

第二步：发觉呼吸

把你的所有的感觉、注意力放在腹部，放在呼吸给腹部带来的感觉上。觉察腹部随呼吸的起伏，吸气扩张，呼气内沉。

深深地吸气、缓缓地呼气，让呼吸带着你感受腹部的起伏。

几次深深的呼吸之后，就开始下一步。

第三步：觉察身体

把你腹部的觉知拓展开，除了感受呼吸给腹部带来的感觉之外，也试着感受整个身体，先体会作为一个完整的人，于天地之间觉察你的存在。你可以从头到脚，扫描式地感受全身，把觉知放到身体的每一个地方。或者顺其自然，想感受哪里就感受哪里：你的姿势、你的面部表情、你紧绷的脖子、你跳动的心脏，你可以感知的身体上的一切。

当你觉察到身体有任何的不舒服或者紧绷感，试着在每次吸气时，温柔地将气息、注意力带到那些身体部位，也从那些部位感受呼气。

也许，你会在每次呼气时感觉好一些。带着这种感觉做几次呼吸，再重新把注意力放到全身，感受整个身体随呼吸律动。然后睁眼、结束。

比起动辄需要花费 20 分钟的冥想法，这个练习用时少得多，但效果一点也不差。所以，在任何不受打扰的碎片时间或者工作时的休息时间，你都可以试着做一次。刚开始，为了培养习惯，你可以先将其拆解成三段，每一步对应一段，别操之过急。我以前冥想的时候，对时间、专业度要求太高，这个习惯就废了，直到半年后才重新拾回。

关于休息的修行，我们做好这些就够了。我不禁想，很多人一味地想提高效率，却从没有真正理解效率。效率不是高能，而是一个有机的整体，有休息补充，有方法提高，更要有地方进行。高能的人很多，而高效的人很少。做哪种人，你自己决定吧。

第19章 技巧
5个看完就变现的提效技巧

技巧不同于方法，方法是指做一件事的一系列步骤，比如煮萝卜，你得先洗萝卜、切萝卜、烧水，再把萝卜放到锅里煮，有连续的步骤。但技巧不一样，技巧对应的是一个简单的行为，却能对结果产生可见的影响。如果你能先把萝卜放到锅里，再烧水，那它就会好吃一些：冷水萝卜开水瓜嘛。

提效技巧也一样，有一些提效小技巧操作简单，几乎不用练习，拿来就用，却能显著提高你的效率。斯蒂芬·金在《写作这回事》一书中讲道，他叔叔是个修理工，随时带着一个多层工具箱，修理机器时就把工具箱打开，用一两个小工具解决。他对此印象很深，也建议每一个写作者搭建自己的"写作工具箱"，放入各种写作技巧。我们也可以借鉴这个方法，搭建自己的效率工具箱，里面装些提效技巧。

批处理

批处理，就是抽一整段时间一次性处理完所有的事。这个方法由斯科特·扬提出，适用于对质量要求不高、体量较大的任务，或者那些必须得做，做了却没什么用的事。

当你要处理一个大任务,却又一点一点地做时(比如蛋糕切分法),损耗就会增加。因为进入状态、休息都需要时间,这就增加了处理任务的总时间。一项任务分成几天来做,可能需要花费 4 个小时,而一次性完成可能最多需要两个半小时。我们讲过帕金森效应,也是相同的道理。

但"帕金森效应"没告诉我们的是,把一件事分几次做也有好处。你会在这件事上更有创造性,也会把它记得更牢。把事情分成几部分,在不同的时间处理会提高行动的质量。

其中,"蔡加尼克效应"起了不小的作用。苏联女科学家蔡加尼克在酒吧喝酒时发现,酒保从来不用纸记顾客点了什么酒,而是凭脑子记,却从未出错。但当酒送到以后,酒保就瞬间忘了顾客点了什么酒。经过进一步研究,她发现,当一个任务还没完成时,人们会记得更牢,如果已经完成,人们很快便会忘掉它,这就是蔡加尼克效应。

在此基础上,后来人们还发现,对暂未完成的任务,人们还会在两次处理的间隔时间里迸发更多灵感,从而提高做事的质量。你原本只能做 60 分的题,倘若分成几次做,轻轻松松就能得 80 分。这也是为什么我们要用"蛋糕切分法"做事:你不仅愿意去做,还能把它做好。

但有一些任务并不需要提高质量。高手懂得把高质量的投入放到重要的事上,而对于一些无关紧要却不得不做的事,如公司的临时任务,或者处理一堆邮件,最好的策略便是一次性完成。否则这类任务会蚕食掉你更多的时间。不仅如此,因为蔡加尼克效应,你还会时时刻刻惦记着它们，徒增焦虑。

先把它们记在清单上（尽量不要用蛋糕切分法），然后抽整段时间，定一个长一点的番茄钟，一鼓作气地完成。如果任务实在太多，比如要花费你十多个小时，不得不切分，那就能少分几段就少分几段：分的段越少，时间损耗越低，也越不容易焦虑，既省时又省力。

但你可能会说，那我不就没动力了吗？看到那么多的任务，我会一拖再拖的！没关系，若是这样，你还有第二个技巧可以使用，它俩简直是"天作之合"。

Dead Line 黄金效率器

有句话叫"Dead Line（截止日期）是第一生产力"。小时候，我们总在假期结束前狂补作业，甚至做到不眠不休。从暑假的最后一天开始赶，在开学当天早上完成。这时，我们的效率达到了惊人的高度，能屏蔽一切外界干扰、专心于手头的事。而这，就是 Dead Line 的威力，它是一个不折不扣的"黄金效率器"。

大多数时候，它和"批处理"的使用相辅相成。如果你实在没法"批处理"无关紧要的事，那就放着不管。当 Dead Line 逼近时，你就会得到源源不断、越来越多的动力，它们会促使你去行动。

蒂姆·厄班（Tim Urban）曾在 TED 做过一个演讲：他离上交毕业论文还有 90 天的时间，每当他想着手写论文，本性就会带着他吃喝玩乐。交论文的日子一天一天逼近，他也越来越焦虑，但一焦虑，他就更想拖下去，更不打算去做。等到截止日期前一天，他疯狂赶任务、写论文，一夜未眠，完成了上万字的文章。当他把论文交上去的时候，导师说"什么烂玩意儿"，然后批准了他毕业。

很多人都觉得他是为"拖延症"所害，但我反倒认为，这是一个极其成功的案例。90天的89天里他都在做其他事，工作也好，玩也罢，就是没有把时间花在这篇论文上。而在最后一天，把它一口气处理完，不拧巴、不拖泥带水，快乐最大化的同时，痛苦也最小化。

所以，面对不重要的大型任务，只需记得它的 Dead Line，等它给你动力了再着手做。这样，你才会更专注，也更容易沉浸其中，从而把效率的阀门开到最大。

但是，Dead Line 也有风险，第一个风险是，万一你已经把效率提到了最高，却还是完不成任务，那不就完了？因此，你得先费一番心思，评估这项任务到底需要花多少时间完成，把 Dead Line 提前一两天。而第二个风险就更大了：管窥效应。当你被截止日期推动，全然专注于任务时，就会管中窥豹，忽略更重要的东西。长此以往，造成的损失不可估量。

在美国，消防员除了有在救火现场牺牲的风险，还可能在路上遭遇不测：一旦接到火情警报，他们会立刻整装出发，坐上消防车，用最快的速度赶往现场。这时，消防员的注意力全在"快"上面。便很容易忽视其他问题。《稀缺》一书中有个例子：一位消防员，也是一位女孩的父亲，因为着急赶往失火现场，忘记了系安全带和关好门，消防车急转弯的瞬间，他被甩了出去，头颈撞向电线杆，当场殉职。类似的事例每年都会发生。只要一心想着赶快解决一件事，就注定会忽视其他更重要的东西。

生活中也是如此。哪怕不遭遇生死问题，管窥效应也会带来很多负面影响：当你太专注于某件事，就会忽略伴侣、孩子、朋友和家人的感受，忽略你的健康和判断做这件事是否有意义的基本理性。偶尔一两次倒也没什么，但若是一个月有十多天都如此，次次都采用 Dead Line 来保持高效，你的婚姻就可能出现危机，孩子也有可能变得叛逆，身体说不定也会垮掉。牺牲这些换来的，居然只是处理了一些没有价值但不得不做的工作，这不是太得不偿失了吗？

Dead Line 是把双刃剑。它在大大提高效率、减少为工作焦虑的时间、获得最大份快乐的同时，也会局限你的视野，让你忽视其他更重要的事。使用前，你心里应该有把秤，斟酌一下，不要使用 Dead Line 太多。

猴子理论

"猴子理论"是一个管理学名词。你的职责、任务和工作是"猴子"，而猴子理论就是指把自己的猴子丢给别人，这种现象最常见于新上司和老员工之间。每个人都有"猴子"，但一些人很擅长把自己的猴子扔到别人背上，自己一身轻松。

比如，最近公司来了个新上任的骆总，老员工问她："骆总，给您汇报一下最近的工作，我们最近遇到了××的问题，您看怎么办？"

这时，大多数"骆总"会有以下两种回答。

回答一："我现在很忙，回头想想再告诉你。"

回答二："你可以试着……"

不论哪一种，老员工的猴子已经扔到骆总身上了。完成工作，解决工作中的问题，本该是员工自己的事，现在却让骆总替他出谋划策。不论哪种回答，你会发现，除了工作，这件事的责任都一起被挪到了可怜的骆总身上。

几天后，回答一中的老员工问："骆总，您想好没有，我们都等着您的意见呢。"（他也才想起来还有这回事）

回答二中如果骆总给的方案不奏效，有人质问那个员工时，员工会说："本来我想这么做的，但骆总不同意，给了我他的方案，我就只好听他的了，所以没做好。"

倒霉的永远是那个骆总。原因很简单：他允许员工把猴子扔到他的身上。"您看怎么办"短短五个字，却把工作和责任甩得一干二净。要避免这种情况，骆总最好的回答是"自己去想"，其次是"你觉得呢"。总之，让他们自己想办法、自己承担方案的责任，不然早晚会被别人的猴子活活折磨死。

我们把"猴子理论"稍加提炼，就成了一个"普世"技巧：在不让别人的猴子爬到我们背上的同时，想办法把自己的猴子"有偿"送给别人。用好这个技巧，能为你省去很多时间。

一方面，当对方有明显意图，想把他的猴子扔到你身上时，如随手把一份资料放到你的桌子上时，"这不是我的职责""我不擅长"之类的话便可以出口了，它能防止大多数猴子跳到你背上，减轻你的工作压力，节省时间。但有时候，为了人情、面子，你也得接受一些猴子，帮别人做一些他们无法完成的事。接与不接的平衡，全在你自己掌控。

而另一方面，在你遇到一些自己不擅长却又不得不做的事时，学会把猴子扔给别人。但要注意，拒绝背猴子什么时候都可以，但送出猴子的时间越早越好，最好别超过中午。每个人过了中午，就有了下午和晚上的大致安排了，比如陪朋友逛街、和伴侣约会什么的，你这时候告诉他（她）又有新任务，他（她）会恨不得把你掐死。

除此之外，送猴子还要坚持平等的原则，别老想占别人的便宜。你要是想把猴子送出去，就得为对方做一些事，如送一样礼物、请对方吃饭作为感谢等。但这些都不是最好的办法，最好的方法是"猴子互换"：先把你不擅长的事安排给他，再帮他处理他棘手的事。要注意顺序。你得先拿好处。那些只会把任务、责任往外推，自己享受收益的人不在少数，如果他不先给你做事，你很有可能成为一个常常被利用的"工具人"。

生活中的猴子

不只是工作，生活中也会有很多猴子（杂事）耗费我们的时间，比如洗碗、做家务、上下班的通勤等。如果一个人一天睡觉 8 小时，工作 8 小时，那剩下的 8 小时才是和别人拉开差距的机会。但若这 8 个小时中有 3~4 个小时被杂事占用，留给我们学习、行动和玩的时间就太少了。这时候，适度地把一些猴子送出去，也能为我们省下不少时间。

比如，一台洗碗机 3000 元，你一个月工资 5000 元，你要用将近 20 天才能挣到买洗碗机的钱。那就简单评估一下洗碗要花费你多少时间，对之后的时间又有什么影响。假设要花 20 分钟，而且你洗完碗之后就不想运动、学习，只想玩手机，你可以尝试一天不洗碗，看看你是否更有意志力做其他事。如果有，你便可以用第三人称视角或者我们之后会学的决策方法来判断要不要把"洗碗"这只猴子有偿塞给那台机器。

其他情况也一样，上下班路上花费太多时间，是不是该租离公司近一点的房子？打扫房子耗费不少时间、精力，是不是该买一个扫地机器人？但另一方面，请注意，我们是人，不是效率机器，有些猴子该自己背就自己背。如果全靠理性做决策，那么生活会犹如一潭死水。我无法想象一个家务都不做的人真的"会玩"。而且，减少做家务、点外卖看似节省了时间，实际上可能减少了你的运动量、提高了你的胆固醇，为日后患上更加浪费时间、金钱的疾病埋下祸根。

我喜欢心理学家武志红的一个说法，即每个人至少遵循两套规则：权力规则与珍惜规则，前者在工作中使用，一切以权力和自身利益为重；后者在家庭中使用，以获得和给予爱为重。工作时，要警惕别人的猴子跳到我们背上，并时不时把猴子扔给别人，而在生活中要勇于承担自己的责任与任务。

串联与并联

串联，就是一件一件地做事情，这也是我们最提倡的做事方式。还记得"每天一个半小时"吗？每做一件事就沉浸于一件事，才能把事情做到最好。所谓的活在当下，通俗来讲，就是专注于你面前的每一件事，哪怕这件事是走路、洗碗和聊天。

但是，串联的缺点也很明显：不实际。我所认识的人，不论职务、身份的高低，都做不到彻底串联，因为它会耗费太多的时间、意志力。单是工作时不看手机都困难，整整一天完全投入去做事又谈何容易？比较好的方法就是把串联的时间留给真正重要的事，剩下的，还是得并联处理。

并联是把两件事或者多件事拿来一起做（一般最多就两件）。很多女孩自从当了妈妈后就把这项本领练到了登峰造极的境界：一边追剧一边喂奶，一边打电话一边哄孩子，简直像有三头六臂。但可惜，这是为现实所迫，并不是她们自愿习得的技能。

与一般技能不同，知道什么事可以并联、什么事不能才是真正掌握了"并联"的方法。谁都会两件事一起做，不需要别人教，但一些人处理得很差，如一边跟人聊天一边玩手机，把别人惹生气了，手机也没玩尽兴。他们就是没能掌握并联的技能，把不能并联的事情并在了一起。

想学会并联，只需记住两个标准。并联时，先拿它们来判断，符合就一定没问题，只符合其中一个也可以试试，但要是一条也不符合，那就放弃吧。

（1）并联中的一件事几乎不耗费意志力、注意力。

（2）并联的事情都不重要。

先说第一个，在公交车上，除了需要站着，如果不用忍受短视频的外放声音或者你有降噪耳机，那这就是一个不太消耗意志力和注意力的地方。这时，你便可以安排些别的事做，比如读读文章、听会歌（音量开到60%以下），都可以。但开车就不一定了，开车必然消耗注意力，听歌（别太劲爆的）勉强还行，听书就算了。如果听书，你就做了两件需要注意力的事，那风险性就大了。

第二个标准应用场景更广。你觉得洗碗太无聊，可以边洗边听歌、追剧；扫地太累人，试一试边扫边听书。当两件事都不重要时，放在一起做，一般能省下三分之一[①]的时间。

除此之外，你还可以"一好带一坏"，好坏是指你对这件事的感觉。把一件让你感觉好的事情和一件你觉得折磨人的事放在一起做，就能中和一下，坏的也没那么消耗意志力了。比如一边听歌一边回邮件，一边听相声一边收拾房间。这时，并联还会起到促进行动的作用。

提前休息

最后一个技巧相较前4个，描述、理解起来最简单，但操作起来却最难。

你有没有这样的经历：做一件事很快进入了"心流"状态，即便番茄钟叫了，你还在继续，等你把这件事完成或暂时搁置时已经过了一两个小时，这时你才开始休息。而当你一休息，就再也不想去工作了，甚至工作两小时就要休息一小时。

究其原因，是因为你工作过度了，注意力、精力被过度消耗，而过度消耗带来的是超量恢复：泰拳运动员经常会练习踢沙袋，他们每一次训练都会让骨头微微骨裂，由于伤害不大，骨头很快就能

---

① 之所以只有三分之一，是因为很多事并联处理本身就会拖慢速度。

愈合，这时新长出来的骨头就会更强。这就是超量恢复，在"精力管理"一章我们也讲过。

工作和运动一样，也会有超量恢复。一次专注的时间太长、消耗的精力太多，身体会倾向于恢复到比原来还要强的注意力、精力，就会需要长时间的发呆、散步，或者休息。它会帮你逐渐提高专注力。

但是，太长时间的专注未必是一件好事，比如久坐就是一个坏习惯。

更何况，这种过度补偿会消耗你更多的时间，让你不想做事。从"成本—收益"角度来分析，最好还是在身体感到疲劳之前就停止你正在做的事。这样不仅总休息时长会更短，你还更不容易累，因为休息越频繁，你就越能随时给自己充电，始终保持一个较好的状态。在过度消耗注意力、精力之前提前休息，对效率和健康都有好处。

提前休息的方法就是老老实实坚持"番茄工作法"。时间到了，用极小动作法强迫自己停下来，闭上眼，呼吸个三五次之后，再直接离开。如果这时还想做手头的事，就开启"第三人称视角"，让自己做选择。

这5个提效技巧，你可以在需要的时候挑一两个去用。至此，IV段就结束了。下一段，我们会来到自律的最后一段，也是最重要的V段——决策。

V

做好一个决策

第20章 错误决策
每个平庸的人,都是错误决策的高手

所谓决策,通俗地说,就是"做选择"。往大了说,大学该学什么专业,毕业后选择哪条赛道,这些决定你未来十年走向的选择,往往都在几天甚至几个小时内就做完了。往小了说,选择与哪一位新认识的朋友进一步交往,选择哪一种运动坚持下去,甚至睡觉选择什么样的床具、选什么枕头……这些,都是决策。

早在讲"战略"时,我们就强调过支点的力量——搭建省力杠杆,可以撬起地球;决策当然也算支点,决策做得好,一个和人性斗智斗勇的普通人都能拥有"绝对自律"的人羡慕的人生。好决策,好就好在它能放大我们的努力,而放大努力就是省去努力的时间,让改变更有成效。

既然我们学习自律是为了变得更好,变得更好需要时间,而好决策可以大大缩短时间、增加收益和减少损失,还有什么理由不学习、不做好决策呢?我们都听说过"选择比努力更重要",一直在努力,却从没有研究该怎么选择,不是很荒唐吗?

决策是自律的内容,而且还是自律的塔尖,是最顶层的内容。决策做好了,可以说,你的自律水平就已经远高于常人了。

不过,想学好决策,就得先规避一些常见却致命的错误。如果你能规避以下所有"错误决策高手"的决策心理,就强于大部分人了。因为,大多数人都是错误决策的高手。

第20章　错误决策｜每个平庸的人，都是错误决策的高手

以成败论英雄

"结果，只要结果"是很多企业领导最爱说的话，当员工想解释失败的原因时，常常被领导这一句话呛回去。但如果你进入一家高速发展的公司，你会发现，领导一般不会这么说。

"只要结果"这句话忽视了任何决策都会面对的严峻问题：不确定性。仔细一想，你就会发现，"只要结果"的核心逻辑是：你应该预估到未来的一切可能，并选对方向。这怎么可能！把世界上所有的计算机联合起来，也没法算出所有的可能性。而现实中，一件事情哪怕只有1%的概率发生，对当事人来说都是100%。公司随机裁员1%，对被裁员的人来说，他们就是那1%的不幸儿。"只要结果"这句话是愚蠢的表现，忽视了不确定性这一现实世界的客观存在。

世界扑克牌女王安妮·杜克在她的《对赌》一书中举了个例子。一次，她受邀预估两位扑克牌选手的胜率，她给出的胜率是76%和24%。比赛到最后，她预估胜率是24%的那位选手反而赢了，有观众便大喊："安妮·杜克，你算错啦！"她回过身，声音没有一丝颤抖地说："我没有算错，我说这位选手的胜率是24%，而不是0，你要清楚24%的含义是什么。"

安妮·杜克说，一个决策系统并不能保证单次决策的成功，因为较小概率的事件依然有可能出现。你和一位扑克牌高手打扑克，也许第一次你会赢，甚至会赢第二次、第三次，但当你们下了几十次、上百次之后，你会发现，他的胜率远大于你。因为好的决策者能保证自己的"总胜率"高于常人，在大大小小的决策中，做出正确决

策的次数比一般人高得多。

因此,"以成败论英雄"没有错,"只要结果"也没有错,错就错在以单次的成败、结果来判断,这充满了主观的偏见。

杜克改行做咨询以后,问过一位 CEO 他去年做过的最差的决策是什么。这位 CEO 懊恼地说,是他解雇了一位总经理。那位总经理领导力不行,无论怎么都无法提高,所以 CEO 开除了他。但之后公司一直没有找到合适的接任者,导致运营状态不乐观。你看,即便是 CEO 也会犯这样的错误。把这位总经理开除,公司变好的概率可能是 80%,变差的概率可能是 20%,这应该算是个好决策。如果这位 CEO 一直按这种胜率做决策,公司肯定会变好,但他却陷入了"以单次成败论英雄"的思维陷阱,认为这是个糟糕的决策。

因此,我们应该关注"胜率",而不拘泥于单次决策。当你不以单次成败论英雄,而关注整体的胜率时,才算得上是一个基本客观的决策者。

孤注一掷

当你开始关注整体胜率,而非以单次成败论英雄后,避免一件事就变得特别重要,甚至可以说,哪怕你算不上一个多么会决策的人,避免它,也能在较大程度上避免痛苦的生活,这件事就是"孤注一掷"。

我们都听过"破釜沉舟",讲的就是项羽为激励士气,把士兵们的船砸了、做饭用的餐具毁了,一句话,不成功,便成仁,也就是

第 20 章　错误决策 | 每个平庸的人，都是错误决策的高手

孤注一掷。这样做也许会成功一两次，而一旦失败，后果就是毁灭性的。

很多文学作品、影视剧中经常出现主角"孤注一掷"的桥段，仿佛每个人孤注一掷都一定会成功："这是唯一的机会……我们全都靠你了。"

主角领悟后，经历一番打斗，终于在胜率极低的情况下逆风翻盘。

但这是故事，不是生活。就拿破釜沉舟的故事为例，如果最后项羽没打赢，他的军队和他的事迹也就无人知晓。而这预示着一件可怕的事：也许历史上有过很多"项羽"，但只有这个项羽，最终在孤注一掷的情况下赢了，其余失败的淹没在了历史的长河里，因而我们也无从知晓。提起破釜沉舟，我们只看到成功的项羽，却看不到用了一样的策略，最后失败、被历史遗忘的众多"项羽"们。

作为决策者，不仅要明白"幸存者偏差"这一概念，更要时刻以此提醒自己。"一战"期间，英国空军请统计学家和经济学家分析受损战机最易受损的部位，他们好加固。统计学家认为是机翼，因统计结果显示这些飞回来的战斗机中机翼受损最多。但经济学家的观点完全相反：机舱。因为这些飞机里几乎没有机舱受损。

经济学家解释，这些样本本身就是被筛选过的，因为那些机舱受损的飞机根本不可能飞回来。这就导致样本中机翼受损的最多，却没有几个机舱受损的——它们和它们的飞行员已经死了，死在了无人知晓的地方。这就叫幸存者偏差，即统计样本是经过筛选的，是你看得到的真实世界的一小部分。

现在亏钱的老板总爱以史玉柱为榜样，因为他曾经身负上亿元

债务,却完美实现逆风翻盘。但是,他们没看到另一些"史玉柱"们,负债后自杀的自杀、跑路的跑路。他们不成功,没有故事性,又怎么会被看到?如果成功的概率是1%,失败的概率是99%,人们只看得到成功的人,所以认为成功也不算太难,这也是我建议你不要读成功学的原因:成功学作者往往有意回避成功者的家庭、教育、资源、人脉、运气等背后因素,只给你展示他的精神和思维方式,这必然会误导人。

孤注一掷也是这个道理。绝大部分孤注一掷的人都不会有好结果,如果你想了解他们,不妨了解一下那些信任安然公司,甚至贷款投资安然公司的人,他们早就从高高的华尔街大厦上跳到冰冷、狭窄的道路上,然后被人们遗忘。

在大萧条时期,股票崩盘的时候,有一些股票经理人在银行经理面前痛哭流涕:"我怎么可能欠了10万美元啊?我甚至都没有10万美元!"

反过来想

如果把"孤注一掷"的原理反过来想,我们就会得到另一个思路:有些事情一直存在,而且出错的概率极低,但一旦出错,代价就极其高昂。那么,我们要想方法把这个概率降到最低。

这就好比你有一个羊圈,里面都是值钱的山羊。栅栏是用木头做的,有可能会腐烂,但概率很小。作为一个合格的牧羊人,你会忽略这个概率,还是每天吃完饭在羊圈外溜一圈,检查一下呢?亡羊补牢，那是你羊多。大部分人的健康、财产都没有那么安全，也没有"亡羊补牢"的机会。最好的方法当然是尽我们所能，把出现灾难性后果的概率降到最低。

一个典型的例子就是"体检"。有多少人能坚持每年都去体检一次？有些人或是觉得自己还年轻，不需要那些花里胡哨的检查，或是觉得自己很健康，也没有哪里不舒服，没有必要进行体检。但这些都是假象，像肺癌这样的恶性疾病的患病人群正越来越年轻化，而大部分癌症在早期没有任何症状，一旦出现症状便是中晚期。如果真遭遇了那个不幸的小概率，早期检查出来一般还有机会治愈，而中期就困难得多，晚期治愈的可能更是微乎其微。每年体检一次，正是我们尽量规避此类风险的手段。

我知道，有的人从不做体检，照样活到一百多岁，也有人每年坚持体检，却还是被确诊为重症，但这样的结果不在于概率，而在于事件的随机性。再低的概率都有可能发生，就像被闪电击中的概率低到可以忽略不计，但每年也还是会有人被雷劈死。避免孤注一掷以及避免放任小概率的灾难性事件发生，都是在降低失败的概率，而非彻底避免失败。同样地，看书、练习、抓住机会也只是提高成功的概率，而非获得成功。我们能改变的只有概率大小，而非事件本身。

尽管如此，有件事依旧没错：凡事留有余地，避免孤注一掷，不要给小概率的灾难性事件可乘之机。只有这样，才可能避免人为制造的、摧毁自己的灾难。

证实不证伪

给你一份心理学问卷，做完之后，你得到的评价是"你有时看起来挺高兴的，但是内心深处总有一些忧伤。你有秘密不能与人分享，你经常把苦痛一个人扛，不愿牵连别人。尽管有时候故意显得没心没肺，但你自己知道，你的内心始终温暖纯良。"

你会觉得，哇，这说的不就是我吗，太准了吧！

统计表明，这样的话几乎给所有人的感觉都是这样。

这是因为人有"证实不证伪"的倾向。当你担心自己有病，医生看了、做了检查后说你没事可以离开了后，一些人真的就好了，他们相信医生的话。不过，也有一些人始终感觉自己有病，感觉这儿也不舒服，那儿也不对劲。而这很有可能就是他们的"证实"倾向：当他们认定自己有病时，就会想办法证明它，而非证伪。

如果人有证伪的能力，便能看穿许多东西。夏洛克·福尔摩斯说："排除一切不可能之后，剩下的，哪怕再难以置信，那就是事实。"这位大侦探就是先推导出若干可能，然后逐个排除，排除不了的就是"实"。他用的就是证伪的方法，而非像我们一样，得到一个可能便本能地证明它是正确的。

"证实不证伪"对决策的影响很大，先入为主就是一个典型。

以上述那段评语为例，很少会有人这样想：谁都不可能整天对别人哭丧着脸，所以有时候看起来确实挺高兴；每个人都会有烦恼，当然会有自己的忧伤；而秘密之所以叫秘密，正是因为它不能告诉别人；我们已经成人，肩负自己的责任也很正常；在跟自己熟悉、信任的人打交道时，人们普遍会放下防备调侃对方，自然显得有些没心没肺；最后，哪怕是那些十恶不赦的罪犯都普遍坚信自己本性善良，只是为生活所迫，甚至有人觉得自己一直坚持正义之举，没几个人认为自己不够善良，尽管这是假象。

你看，用证伪的思路去分析，这段话就满是破绽。如果一个投资者读财报是为了证明自己的判断是正确的，他的"证实本能"就会使他忽略掉那些与他观点不相符的地方，从而让他越来越觉得自己是对的，这就是先入为主了。接着，他就会做出错误决策。而如果他读财报是为了发现这家公司是否"藏雷"，为了否定之前的想法（如果证伪行不通，就证明它为实），那他的决策就会客观很多，也不容易买到像安然公司那样的股票。

贴现率过高

我们之前提到过一个概念"长期主义"。而长期主义的态度就是拥有一个贴现率低的发展观。

贴现率在资本市场是一个人尽皆知的概念。简单来讲，它就是"将未来的资产折算变现，损失的钱与原有资产的比值"。贴现率越低，贬值就越少，未来的东西在现在就越值钱，也就说明你越有远见。现在给你50块钱和一年后给你100块钱，你会选哪个？如果你和大部分人一样，选了前者，那你一年时间的贴现率就高于50%。

短期主义者贴现率高，举个简单的例子，中国的股市里几乎没有人不想挣快钱。大量的散户都是当天买，隔天卖，有时涨，有时跌。涨的时候挣到了钱当然很高兴，但跌的时候又会把挣的钱赔进去，顺便再赔点本金。这是一个简单的逻辑：100元涨10%是110元，如果跌10%就反而成了99元。算上手续费，真正能保住的钱更少，更别说买到很差的公司的股票，一下子赔30%都有可能。总之，对于短期操作者们，他们的胜率极低。据统计，中国股市收益为正的人不到10%。

如果你劝他们转换成长期思维，他们会找各种理由来反驳：什么中国和美国不一样啦，中国不存在长线投资啦，等等。这种状况存在一是人性使然，二是他们脑中的贴现率机器始终无法改变。如果你告诉人们你有一个可以让他的资金翻10倍的方案（且证明一定会实现），但是要等10年，大多数人是不愿意等的，而那些采用此方案、投入大笔资金的人都是贴现率低、有远见的人。实际上，比起频繁操作，长期投资仅手续费都省了不少。

长期主义者，或者说贴现率低的人，会把未来的收益看得很重，这种重视不仅体现在投资方面，他们会保持健康饮食、规律作息、适度运动，会重视维护关系、培养爱好，等待跃迁的机会，他们把一句口号挂在心上：自律给我自由。自律也是长期主义者的特质，因为自律无非是放下现在的安逸、舒适，换取未来更安逸、更舒适的生活。

那有什么办法能够减少贴现率呢？有些人需要经历一场不幸才能明白当下的重要性，比如拼命工作累垮了身体，病痛的折磨和天价医药费才使他们开始注重养生，加强锻炼，规划饮食和作息方式。他们经历过不幸后会变得更好，但也有一些人经受不住不幸，彻底坠入无边的深渊。而另一些人的方法就是时刻提醒自己"专注当下，着眼未来"。因为，如果你想超过一个人，或比一个人优秀，那一定是"未来的你"比"现在的他"优秀，如果你没有长期思维，"未来的你"可能还没有"现在的你"优秀。

不过，还有一个更简单的"10/10/10"法则，可以帮我们降低"贴现率"，我会在之后把它介绍给你。

忽视规律

最后一个错误是最难避免的。

家长都有这样的感受，有时候对于我们的孩子，你一夸他们，他们就飘飘然，下次考试分数就会落下来；而你训他们，他们才开始努力，下次考试分数又升起来了。一夸就泄气，一训就来劲，这是怎么回事？

这就是"回归均值"。

《思考，快与慢》的作者，诺贝尔经济学奖得主丹尼尔·卡尼曼曾经在以色列给军官培训，教他们怎样利用人的心理来训练士兵。当他说"鼓励是最好的手段"时，一个军官直接站了起来，像看动物园里的猴子一样看着卡尼曼。

"一派胡言。"他说，"每次，我骂完一个士兵后，他就表现得更好了；我夸完一个士兵后，他就表现得很糟糕，请问鼓励除了让士兵表现更差外，还有什么作用？"

卡尼曼叹了一口气，示意他坐下。他说了一番话，让全场军官们恍然大悟，意思大概如下。

我们假设士兵的水平是一条直线，这条直线可能是平行的（没有变化），可能是向上倾斜的（越来越好），也可能是向下倾斜的（越来越糟）。可现实情况往往不会是一条直线。如果有一次他的表现低于平均水平，下一次他的表现八成会高于平均水平，因为只有这样，这条直线才能称为他的"平均水平"。换言之，他每次的表现都在平均线上下波动，有低就有高，有高就有低，这就叫回归均值效应。

他的表现处于平均水平，你不会夸他，只有"超常发挥"，高于平均水平才会。同理，你也只有在他的表现低于平均水平时才会骂他。他的水平经历了一次偏高，可以预见，接下来他的水平大概率会下降，反之亦然。所以，被夸后那个人表现会变差，被骂后那个人表现会变好，完全是规律呈现的现象，而非规律本身。

那些军官只看到了现象，却忽视了背后的规律。

社会中也有各种各样的规律，不了解它们，就很难做出好的决策。中国股市里有很多人被人说成"韭菜"，割完一茬又长出一茬。为什么呢？因为他们不会决策。若是会的话，大部分人根本不会进入股市。而不会的原因是什么？不重视总结规律。如果他们发现，股市大部分人都在赔钱，只有极少数人赚了点钱——这些人在各方面都更聪明、博学，也许就会放弃进入股市。即便进入，也会学习各种技巧和大量关乎人性的心理学知识（学习规律），这样，他"不失败"的概率才能大很多。

所以，要想做出好决策，仅凭我们讲的决策方法是不够的。因为进行决策要面对信息，而信息包含的各种要素都相互关联。换言之，这些要素之间存在规律。你只有获得了足够多的知识，掌握了正确的规律，才能借好的决策方法做好决策。

但是，怎么掌握更多正确的规律呢？

读书去。

第21章 元方法[①]
一个扭亏为盈的决策心法

你知道我们做的决策有多少是正确的吗？

还真有机构做过研究，希斯兄弟在《决断力》一书中给出了答案：48%。也就是说，不使用决策方法、技巧，我们做的决策有一大半是错的。长期下去，只能是"错错错，是我的错。"错过升职机会、错失表白良机、错别理想投资，说来说去，都是错。

但你只需学会、用好一个方法就能瞬间扭转局势，将决策的正确率提高到68%。让你做的决策绝大多数都正确，而且，它还非常简单，简单到无以复加。有句话叫"好用的一定是简洁的"，不是说复杂的东西一定不好，用计算机决策说不定能将准确率提高到80%以上，但人脑驾驭不了。我们的生理结构决定了我们只能使用简单的方法。做个决策还分"一二三四五"，在生活中不现实。

话说回来，这个方法是什么呢？

增加选项。

---

① 指最基本的方法。

第21章 元方法 | 一个扭亏为盈的决策心法

增加选项的魔力

有人做过实验,把一盒某歌星的 DVD 碟片卖给他的狂热粉丝,要价 15 美元,结果,有 80% 的粉丝选择了掏钱。这样的行为看起来理所应当又有点不明智。现在网上下歌、听歌那么方便,如果不是为了心中的偶像,买碟片并不值得。即使买回来后,也很可能只是放在墙角吃灰。

后来,研究人员在销售时加了一句话:"你是愿意把这 15 美元拿来购买碟片,还是花在任何其他你想消费的地方?"这句话就是废话,这 15 美元不用来买碟片,难道不是花在其他地方吗?按道理,购买的情况不会有变化。

但结果出人意料,第二次,只有 55% 的人愿意掏钱,超过 25% 的人转变了阵营。在决策中,5% 的改变都算大改变了,而一下子有这么大的改变是前所未见的。而这一切全是因为那句话。

这句话就是在增加选项,让人们看到了其他的可能性。大多数人的思维都是"YES or NO",或者选,或者不选,始终在一个选项上纠结,看不到其他可能。别人喊你去聚会,你或者去,或者不去;上司劈头盖脸骂你一顿,你或者骂回去,或者不骂回去。这种"YES or NO"的思维,正是我们决策水平始终提不高的罪魁祸首。

但是,"你是愿意把这 15 美元拿来购买碟片,还是花在任何其他你想消费的地方?"不也是"YES or NO"的选择吗?或者买,或者不买。并不是,因为一切选择的本质就是"YES or NO",你不可能既做一件事,又不做一件事。增加选项的含义是,之前,你在一个选项上选择"YES or NO",但现在,你在多个选项上选择"YES or NO"。

简而言之,之前你关注的是要不要做这件事,但现在你关注的是在这些事当中,你要做哪一个。之前是要不要买碟片,而现在你开始思考"在碟片、眼霜和一个季度的爱奇艺会员(以及其他任何你想到的东西)中,我选哪一个?"这个简单的思考方式能帮助你提高 20% 的正确率。

比如,你是个创业者,生意场上的伙伴约你出来喝酒,要是采用"YES or NO"思维,你就会纠结去还是不去,但要是懂得增加选项,思考轨迹就完全不同了:我是去应酬,还是回家陪老婆孩子,还是回家陪老婆孩子后给生意伙伴送个礼、道个歉?或者……最后,你想了一个绝妙的方法:先回家吃饱,陪老婆孩子一会儿,再在伙伴们快吃完散伙的时候赶到,和他们说孩子哭着闹着要他回家,自己照顾好孩子就赶了过来。

这样你既避免了大吃大喝,又不太会得罪人,毕竟你"家里再忙"也跑过来和他们吃了个饭,尽管只吃了一点儿。想怪罪的话,是找不到合乎道义的理由的。

停顿点

决策是自律的一部分,就像刚才的例子,既照顾了亲情、保护了身体,又维护了社交关系。决策做得好的人,十有八九也是自律的高手。而知识总是融会贯通的,"增加选项"这个元方法在传统的自律领域中也照样适用，一样是个厉害的武器。

就比如治疗"手机瘾"，所谓"手机瘾"，就是一闲下来就抱着手机玩个不停。关于"玩个不停"的问题，在之前已经讲过应对方法。但怎么克服"一闲就碰"，就得用"增加选项"的思路了。在《每天最重要的2小时》里，它还有一个不错的名字：停顿点。

我们平时做事的过程就像一条流水线，做了这件做那件，没有事情找事做。做事情都是连续的、下意识的。而停顿点要求我们在做完一件事后有意识地思考：接下来，我要去做什么？各种答案便会相继浮现：玩手机、接杯水、打印报表……这时，你的大脑便不再只有一个下意识出现的答案，而有了许多别的选项。

我们时常被那个下意识的答案所蛊惑，认为似乎工作了一会儿就该玩手机，而不是好好休息；下班回家就该躺在床上，而不是运动、读书。而停顿点就是通过增加选项让你意识到"哦，还有那么多可以做的事啊"。当你在做完一件事停下来思考接着要做什么的时候，就更容易做真正该做的、有价值的事情。

比如，你刚刚复习完考试资料，累得不行，想着反正也复习了这么久，玩一会儿游戏，休息一下吧（但玩游戏可不能算是休息）。刚要碰手机，突然意识到：要试着增加选项。于是，你在大脑里简单思考了一下接下来可以做的事：玩游戏、喝水、深呼吸放松、给父母打个电话……说不定，你会放下游戏，选择喝杯水，或者冥想。就算你还是选择了游戏，选择其他选项的可能性也增加了。我们不可能保证每一个决策都是正确的，但可以提高决策的胜率，犯错少了，机会就多了。

不过要注意，停顿点并非越多越好，使用过度也很麻烦。我的朋友何文是停顿点的铁粉，他本人负责公司的大业务投资，是个决策高手，但他一直有一个缺点：难以专注。一会儿做这件事，一会儿做那件事。他做事情经常做着做着就开始"增加选项"：继续做这件事，把文件给小李，找王总聊方案，选哪一个？虽说这个方法帮他避免了一些无效的工作——他用停顿点放弃了一些事情，但也干扰了他。别人用一小时就能做完的事，他常常要花一个半小时，甚至更多。

所以，为了不让我们做事情时被胡思乱想打断，一定要"做完"一件事后再使用停顿点，选择接下来做什么。做任何事情都有度，什么事过度了都不好，使用停顿点也一样。分心就容易出错，而我们增加选项正是为了减少错误，否则就得不偿失了。

情绪，错误决策的黄金搭档

如果你开始练习"增加选项"，一定会发现，很多时候，即便增加了选项也还是选不好，因为情绪会干扰你。比如，在一家奶茶铺前，你知道自己今天吃的东西已经够多了，而一杯奶茶代表严重超标的糖的摄入。这时，你可能就会增加选项：买杯热量最低的奶茶、买个抱枕，或者什么都不买，把钱攒起来买个大宝贝，选哪一个呢？

在"增加选项"的帮助下，你成功地买了杯奶茶，高高兴兴地回家了。

我们一直强调"人的意志力有限"，所以我们才经常受到情绪的影响。人性喜欢甜，它便试着让情绪影响你。这时候，尽管有多个选项，但你就是想喝奶茶，一闻到奶茶的香气，就想多吸几口。意志力不够的话，立马就缴械了。

但你完全有别的办法，你可以直接行动啊！立即回头，向反方向走去；或者加快脚步，拼命往前走。你控制不住你的嘴巴，但控制得住你的腿啊。我们学过"极小动作法"，既然靠行动就能解决，干吗要耗费意志力做决策，和情绪较劲？

我们学过很多方法，这些方法构成了复杂的思维。简单的思维是一个小镇，可能只有一条路到达一个地方，那复杂的思维，如自律法，就是一座大城，任何一个地方的路都四通八达。

正如条条大路通罗马，复杂有复杂的好处，它代表了更高的灵活性。在面对一个问题的时候，要记得有很多方法，不要总是偏爱其中一种。千万别"手里拿着把锤子，看什么都是钉子"。如果你的任务是抢救伤员，最好不要一锤子砸下去。

很多时候，根本不用做决策，靠行动就能解决。做决策会受情绪的影响，行动也会，但在情绪大体稳定的情况下，快速的行动能跳过情绪，直达目的。举这个例子，一是想告诉你要活学活用，不要总是钟情于使用一种方法；二是说明一个现实问题：决策，极其容易受到情绪的影响。

买奶茶不是必须的决策，即便不决策，靠简单的行动也能解决。但对于另一些事就不是了：高考报考哪所大学，毕业选择读研还是工作，被另一家公司看上要不要跳槽，要不要和喜欢的人表白等。这些问题，我们必须要做决策，而做这些决策很容易受情绪的干扰。

拿最后一个"要不要和喜欢的人表白"为例。小谢喜欢上了她的同事小黄,小黄似乎也喜欢小谢,但小黄比较内向,虽然两人一起看过电影、吃过饭,小黄却始终没有表示什么。小谢等得很着急,想干脆自己先表白。但是,每当小谢想表白时总会想上厕所。上完厕所,机会就被水龙头的水一起冲掉了。

小谢知道,自己就是怕,怕被拒绝的尴尬,更怕他来一句"对不起,你是个好人,但是我爱的人,不是你"。到时候,她会感到自己连备胎都不是。

因为情绪,她陷入了决策困境。她知道一次表白没什么,但就是说不出口。

这时的小谢可以试试以下这些方法。

10/10/10 法则

我们之前讲过"第三人称视角",它可以提高我们的意志力,降低情绪干扰。但是,我还是更喜欢用 10/10/10 法则。对我而言,它遏制情绪的作用更大,也能帮助我思考得更深入。

10/10/10 法则又叫"三十法则"。当我们有不同选项,却对某个选项有情绪上的执念时,这个方法会特别有用。你需要问自己"把这个决策付诸实践的 10 分钟后,我会怎么看待这个决策?10 个月后,我会怎么看待?10 年后,我又会怎么看待?"

情绪对决策的影响,最突出的就是短视。很多时候,我们为了"我想""我喜欢""我怕"这些一时的情绪,选择了短期痛快、有安全感,但长期来看根本没有好处的选项。鸵鸟遇到危险时会把头埋

第 21 章　元方法 ｜ 一个扭亏为盈的决策心法

进坑里，短期内什么恐怖的画面都看不到，但这也把自己的命送了出去。鸵鸟如果要逃，即便面对豹子，凭借它的速度也有可能逃掉，这就是"短视"的影响。小谢害怕被拒绝带来的一时失落，选择了继续等待。

我们讲过长期主义，长期主义的难能可贵也体现在决策上。你遇到一份工资翻倍的工作，但这份工作可能维持不了多久，你能忍住诱惑不偏离航道吗？情绪带来的短视是极难克服的。有句话叫"不论多么困难，都不要选择安逸的一边"，它能激发许多人的共鸣，一是每个人都有类似的经验，很多坎，咬咬牙就过去了，在有价值的事上坚持下来，大多数人的回报都不会差；二是它包含了人们对自己未来的憧憬，因为这句话所描述的愿景每个人都想得到，但也的确太难实现了。

但是，10/10/10 法则有可能会让你做到。这个方法是在诱使你通过长期主义的视角来观察决策的选项，是站在未来看现在。

小谢问自己："跟小黄表白的 10 分钟后，我会怎么看待这次表白？10 个月后，又会怎么看待？10 年呢？"她随即也给出了答案："10 分钟后，如果他同意我当然会很高兴，会觉得这个决定太棒了；如果他不同意我会挺尴尬、挺伤心的，也会觉得这个决定很傻。10 个月后，我要么和他在一起，要么不在一起，在一起依然会觉得决策很对，不在一起，也觉得这个决策挺好的，毕竟给我上了一课。10 年后，对自己来说，这就是纯情的印记啊，也是我追逐情感的开始，怎么说都是该迈出去的一步。"

通过 10/10/10 法则，小谢最终跟小黄表白了。

只要涉及情绪，10/10/10 都可以拿来用。我有个朋友想去深圳创业，他本来是做金融的，有着不错的收入，有老婆孩子和房子，他知道，一旦创业，他就当不了一个好老公、好爸爸，创业失败后还可能让一家人的生活陷入困境。但是，千言万语、无数理由就是拦不住一个"想"字，他虽然很纠结，但"想去"的念头仍然一天天加深。

你一定注意到了，他很有可能落入了情绪之中。平时我们一起出去吃饭，他老婆一打电话，他经常二话不说就回家。在我的印象中，他一直是个很顾家的人。现在，他如果去深圳打拼，无异于放弃了一直珍视的家庭。他若是还理性，是做不出这个决策的。

所以，我让他用 10/10/10 法则再好好考虑一下。他当着我的面自言自语地问自己："10 分钟后……10 个月后……10 年后……"过了一会儿，他看着我，说："我不去了。"

"你确定？"

"大概吧，我想了一下，不管 10 分钟后怎么想，10 个月后，我一定会后悔，因为那时候一定很苦，陪不了家人，工作还有一大堆。而 10 年后，就算事业成功，失去了她们，我也会觉得这是我人生中最差的决定，更不用说没成功了。"

他最后选择了当一个好男人、好爸爸，直到现在。

摸着石头过河

除了切换到长期主义视角的 10/10/10 法则，还有一个方法也能帮助你减少情绪的干扰，而且更彻底，也可能更正确。

第 21 章 元方法 | 一个扭亏为盈的决策心法

我们知道，要做出好的决策，首先得了解事实。你只有知道外界的变化，了解自己的能力，才能够达到所谓的客观。在公司里，这个工作叫作"市场调研"。有一位培训讲师邀请了几十家公司的 CEO 聊市场调研，这些公司市值在 2 亿~65 亿美元，这些 CEO 也算得上是顶尖的人才。

一开始，大家都附和着说我们公司是这样做的，他们公司是那样做的。但后来声音越来越小，越来越少，到最后，根本没有几个人说话了。一位 CEO 走到培训师跟前，对他说："好吧，实话告诉你，我从来都不搞市场调研。"其他 CEO 也随声附和，对他们而言，决策只需要 3 个 P，他们的决策方法是"3P 决策法"。

第一个 P 是 Politics，即"政治"，第二个 P 是 Persuade，即"说服"，第三个 P 就是 PPT。CEO 们有了一个想法或想要做一件事的时候，先在政治上确定，也就是宣称"我有这个想法了"，接下来说服其他人同意这个想法，最后再用 PPT 向公众展示，对外界宣布。

这个决策法说不上半点科学。但不可否认的是，那些成功的企业家一般都是这么做的。我们会经常看到类似的现象：一些老企业家们往往"说干就干"，昨天刚有想法，今天就动工了一小半。他们的决策是面对心仪的选项时管它正不正确，干就完了。既然最后都是干，自然也不会受到情绪的干扰，情绪本来就是让你干一些理性不让干的事。

但是，这也是一种决策方法。当你有一个想法时，就去做。比如我的那位朋友想去深圳打拼，那就去深圳打拼。

你可能会想骂我："你不是说使用这个方法会有更高的正确率

吗？"如果你的朋友去深圳打拼，最后妻离子散，自己破产，哪里正确了？

且慢，这只是我们的想象。

我们永远只能推测未来会发生什么，而不能预见未来发生什么。这些未来的结果，好的也罢，坏的也罢，都只是我们的推测。即便坏的可能性是99%，好的可能性是1%，你也不能说结果一定是坏的。所以，我的朋友去深圳，也许会发展得很好，很快就把妻子和女儿接到深圳去，住更好的房子，女儿也能接受更好的教育。如果这是结果，那他当然该去深圳了。

"想干就干"，没有字面意思那么简单。你需要尝试，但必须是"有限的尝试"。一家公司拨款给CEO，一开始不会拨太多，因为他有可能失败，但他要是成功了，公司就可以继续拨款，一点一点增加，这就叫摸着石头过河。我们平时做决策就像过河，你不知道哪里的河更好过，哪里的水更浅。这时候，总有一两条河你特别想过。你可以试着摸一下河底的石头，估计河的深浅，想想会不会被淹死，再重新做判断。

我的朋友如果真的很想去深圳，可以先请个假，独自去深圳感受一下。如果他适应得了，有适合的机会，可以再做下一步的打算；如果适应不了，或者没有机会，那就乖乖回家，损失的只是旅游的经费。

比起自己臆想各种可能，主动尝试是一个更好的办法。因为经验、感受比想法更贴近现实，你如果钟情于一个选项，那就去试一试。

很多人不知道大学该学什么专业，毕业去哪家公司，就学习各种决策法，把自己关在屋里做决策。其实走出去尝试一下是更好的做法。我有一位还算优秀的朋友，毕业后有三家上市公司想录用他，他很喜欢其中的一家，又担心受情绪的影响选错了公司。实际上，他也不知道到底哪家公司好。

我让他去每个公司都实习个三五天再做决策。后来，他花了半个月的时间去感受这三家公司，最后决定去一家此前自己认为最差的公司。因为他认为那家公司更有前景，公司氛围、职业发展也更符合他的想法。而此前他最心仪的公司现在却最不喜欢，他生性清高，最烦的就是一堆人对他指指点点，而那家公司的管理又太过于僵硬。

一般而言，摸着石头过河，大胆而又有限地尝试一下，比关在屋里做决策好得多。但是，"摸着石头过河"仍然有两个要点需要注意。

1. **尝试可控**

在摸着石头过河的行为中，"摸石头"是最重要的，你要确保你的尝试是可控的，没有灾难性的后果。比如，你一共只有10万元钱，有一个项目你很心仪，想要投资，于是拿出1万元来"摸石头"。这显然不对，因为赌注还是太大，拿两三千元还差不多。

尝试可控，可控就在于即便尝试失败，对我们也没什么影响。10万元没了1万元，这哪能叫没影响呢？我的朋友花半个月时间不断尝试，却没有花更长时间，是因为如果尝试的时间太长，可能公司就招到了别人填补空缺的岗位。这样一来，尝试的后果绝对算得上是"灾难性"的了。

而且，社会永远不会停止变化，也许这一刻你才适应这个环境，过不了多久就逐渐感觉力不从心了。我们之前讲过个人战略，你可以借此分析一番，如果赛道变了，或者实在力不从心，就尽快离场。

尝试可控不只是开始，还要贯彻于你决策后的行为中。我的一个亲戚在股市大好时入市，赚到了些钱，觉得还不错，但很快股市就开始持续走低，他并没有确保尝试可控，反而不断失控，越赔越多。最后，他们家的财产中少了一套房。

2. 尽可能尝试新事物

尝试新事物和确保尝试可控一样重要。大多数时候，我们都喜欢待在自己的舒适圈里。之前，我们了解过约拿效应，我们会喜欢熟悉的东西，厌恶新事物、新改变，所以，在做决策时，很多看上去天马行空实则很不错的选项就被排除了。比如，你在选择读大学的专业时，"考古系"之类的选项一般会被直接排除。

但是，你并不了解选了这个选项会有什么结果，你无法知晓未来。只有尽量将每个选项都尝试一遍，才有可能发现一些选项是被情绪掩埋的金子。当年，很多选择考古系的人凭借互联网技术的发展，事业越来越好，名利双收。如果选择它并坚持下去，一定是个不错的决策。

尽可能尝试新事物，尝试你不熟悉的选项，才有可能发现真正适合你的事物。鲁迅先生讲过："第一个吃螃蟹的人是很令人佩服的，不是勇士谁敢去吃它呢？"螃蟹的美味正是对勇士的褒奖。然而，我们只是扳下一只蟹钳舔一舔，也能成为这位勇士。有限的尝试耗费不了什么，却可能给你带来一顿佳肴。

第22章 定大事
大决策，需要一套大决策法

停顿点、10/10/10 法则、摸着石头过河乃至一切的决策法就算应对场景再不同，都有一个共同的基础：增加选项。没有几个选项，停顿点就是白停顿，10/10/10 法则和摸着石头过河也会拘泥于一个选项，得不到大的施展。可以说，增加选项是几乎所有决策法发挥威力的基础。

但你有没有想过，为什么我们能增加选项呢？

因为我们做决策是想达到某个目的。而通往这个目的有很多途径，不只是你脑海中的那个默认选项。你去应酬，目的是维护面子上的关系，那你就可以晚点去，告诉他们家里有事，或者事后送礼表达歉意。这样，既达到了目的，也不用傻傻地去应付不重要的酒宴。

YES or NO 思维最大的局限就在于忽视了目的。当你思考"要不要去应酬"的时候，你关注的是"应酬"这件事，而不是"为什么要应酬"，即做这件事的目的。增加选项能让你看到其他可能，这些可能中，有的同样会达到目的，而且成本更低，当然值得试一试了。

不过，如果先找到做一件事的目的，再根据这个目的增加选项，或许会更有成效。比如，你被要求写一份不重要的报告，要花费两个小时。而做这件事的目的仅仅是"完成"，是一个"面子工程"。

根据目的，你可以增加选项了：老老实实写、去网上下载一份、参考同事的……这些选项都能达到"完成"的目的。最后，你先去网上下载了一份，又参考同事的做了几处修改，只花了不到半小时就完成了。换句话说，你赚了一个半小时的时间。从目的入手，你的选项会增加得更有效。

但不得不说，使用停顿点可以没有目的。因为生活不是标准决策，没有明确的目的和指向。你用停顿点法不是达到目的，而是发现目的，在大量可以做的事情当中找到一个此刻最重要的。但是，如果是真正的决策，从目的入手，一定不会有错。

正向推演

我得承认，"一定不会有错"夸大了"从目的入手"的作用，但"从目的入手"确实不容小觑。安妮·杜克在《对赌》一书中说过，做一个决策时，如果你先找到决策的目的，再思考达到目的的下一步行动最可能是什么（这本质上也是一种增加选项的方法），决策的正确率会提高30%。

单纯使用"增加选项"，我们做决策时能够提高20%的胜率，如果加上探求目的并推演哪个选项最有可能达成目的，胜率就能再提高10%。如果对每个决策我们都能这样去做，长期来看，平均胜率会高达75%。若这不是决策高手，那什么才是呢？尤其是做大决策时，如果能够准确把握目的，正确的概率会大得多。

《朋友圈的尖子生》一书中讲述了一个叫"李倩"的人的故事。

第22章 定大事 | 大决策，需要一套大决策法

她白手起家，曾担任某投资公司的董事总经理。在"在行"上约见她费用极高，而且约见人数极多，评价也极高，网站评分9.5分。这样一个牛人，她说："选择比努力重要，做选择的时候，你要根据你制定的目的，问问自己这是不是最短路径。"

她做决策都会从目的入手，寻找能达到目的的"最优解"。而她的方法原理正和我们讲的"目的导向＋增加选项"一模一样。你想约公司的张总吃个饭，但你不直接约，而是先发掘约他吃饭的目的：对你的部门放宽几项权限。然后，根据这个目的增加选项：发微信、约吃饭、办公室约谈、打电话……接着再问自己，哪一个选项最有可能达到目的又最省时间？最后，你决定花半个小时整理资料，再在中午之前到他的办公室约谈，上班时间就把问题解决。用好这套决策法，你做出好决策的概率是不是就大幅提升了？

如果要给这套"目的导向＋增加选项"的决策法起个名字，那就叫"正向推演"好了。因为你是根据目的增加选项，再推演哪个选项最能达到目的，既有层层递进的"正向"，又有从未断绝的推演，叫"正向推演"很合适。它是一个强大的决策法。

但是，即便"正向推演"很强大，也不排除会发生这种情况：你知道目的，却增加不了选项，或者即便增加了选项也不知道选哪个更好。你要代表公司举办一场读书会，你也知道举办读书会不是目的，吸引参加读书会的人前来才是目的。但是，公司的任务不得不做，你也增加不出什么别的选项。

如果一定要增加选项，这些选项只能围绕"怎么举办好读书会"而设。在这方面，你完全陌生，增加再多的选项也不知道哪个能达

到目的：租好的场馆、制作精美的邀请函、请顶级的讲师……我的天，我又没做过，我怎么知道哪个更好呢？

这时，有两个思路可以参考。

参考别人是怎么做的

我们讲"库伯学习圈"的时候说过，经验要转化为规律，才能提高决策的胜率。但是，在自己完全陌生的领域，单是经验就很宝贵了，强行提取规律，很容易不得要领。

所以，面对完全陌生的情况，我们应该多收集经验——成功者的经验。

举办读书会，你可以在网上看一下有名的线下读书会的举办过程，看看它们成功的经验是什么。在不同的经验之间找到一些共同点，即便不一定是规律，也一定有共同特点，先从这些特点入手。

在网上搜到资料进行对比后，你发现，这些线下读书会办得成功，不外乎如下几个原因。

（1）邀请大牌讲师。只有大牌讲师才可能吸引大牌嘉宾。

（2）创意。大牌讲师只能让读书会"稳住"，能及格，却不能使之卓越。只有各种各样的创意活动才能让读书会更加出彩。

（3）便利的交通和适中的场地。交通便利，来的人才多；房间大才不会显得拥挤，但又不宜过大，以方便嘉宾和听众互动。

因此，你可以做选择了。一定要请好的讲师，安排的房间可以随意一点，但通风、交通条件要好，还要穿插一些互动（可以去网上借鉴）。通过借鉴别人的经验，你也可以做出好的决策，即便你对这个领域一无所知。

运用规律

还有个思路，是借助其他领域的规律。但这更难，因为只有掌握足够多的规律才能做到融会贯通。

比如，你学过商学和传播学，想到了如下几个规律。

（1）流量多的地方机会多。

（2）在社交网络中多结交不同领域的人，不同的需求会把人连接在一起。

（3）只有轻松的消息才易传播。

（4）权威对人的影响巨大。

用上述规律来指导自己举办读书会的话，首先，你应该选择一个便利的位置，之后，尽量邀请不同领域的嘉宾，并告诉他们自己还邀请了哪些人。讲的书不要太晦涩，选生活类的书，这类书概括起来相对容易，传播阻力小。不要请讲得特别好的人，请一位名号很响的专家，如留学博士——大家是来拓展人脉的，又不是来听书的。最后举办个小晚宴，让大家方便交流、留联系方式。

你可能发现了，两种思路得出的方案完全不同。但是，两种方案听起来都有道理。这是因为成功的路径本来就不单一，殊途同归完全有可能。

托尔斯泰与查理·芒格

"幸福的家庭都是相似的,不幸的家庭各有各的不幸"是列夫·托尔斯泰的名句,很多人因此臆断:成功都是相似的,失败却各有各的原因。在查理·芒格看来,这可能是个极其愚蠢的推演。

查理·芒格极其强调逆向思维,即做一件事之前不要先想怎么成功,而要先想怎么失败,然后避免失败的行为。"成功者们"有卖糖水的,有卖电脑的,有卖知识的,有勤恳工作的,还有中彩票的,成功的路径完全不同。而失败的人呢?不外乎这几种:①过早死亡;②违法犯罪,比如染上"黄赌毒";③没有或不坚守道德底线;④控制不好人性与情绪。

只要避免了错误,即便决策不正确,境况也不会太差。所以,前面那句话应该改为"成功的人各有各的成功,失败的人都是相似的"。我们学做决策,之所以先学习思考哪些是错误的决策,是因为避免了错误的决策,才有可能做出正确的决策。

同理,在决策过程中,我们学会了推演"哪一个选项最有可能达到目的",但有没有推演"怎么做会达不到目的"呢?前者能够帮助你选出正确的选项;而后者能为你在将选项付诸行动的时候,提供一道防火墙,防止"做对了决策,偏离了目的"。

我得承认,在我们的日常生活中,能做到"逆向思维"的人是极少数。所以,这种"防火墙思维",也就是逆向思维,并非用在诸如"买哪个抱枕"或者"几点去约会"这些小决定上,而是用在大事情上,像投资、择偶或是做项目等。正如这章的标题讲的一样:

大决策，需要一套大决策法。

回到读书会的例子，不论你采取何种方案，根据"防火墙思维"，一定有一些事需要避免。

比如，不能让嘉宾们吵起来。有观点，就会有支持者和反对者，就会有矛盾。矛盾可以演化为和平的探讨，也可以成为争执点。中国第一位私人董事会教练张伟俊先生曾主持过一场企业家辩论会。那些平日里说一不二的企业家们谁也不服谁，越辩论越激动，差点打起来，最后只好紧急叫停。

你看，"达成目的的决策"和"达不成目的的行为"是有可能并存的，你挑了好的屋子、请了好的讲师、邀请了各领域的人才，换言之，你做出了好的决策，但是，在执行过程中如果没有避免那些把目的搞砸的行为，最后也一样白搭。

决策不只是决策，决策后还有相应的行为等着。你选对了公司，目的是"让自己短时间内跃迁"，就要避免做那些达不到目的的行为：迟到、顶撞领导、给同事和上级你没什么产出的感觉。决策不是结束，而是开始。

所以，每做一次比较重要的决策，就问自己"做哪些事会达不到目的，把事情搞砸？"得到答案后牢记在心里，避免做这些事，或者为搞砸的可能性想好应对方案。我们把这个方法叫作"逆向避免"：通过逆向思维倒推出该避免什么。

正向推演和逆向避免相辅相成，既能分开用，又能组合在一起使用，我们要使这个组合成为自己的一个思维习惯。

四步决策法

决策的方法讲得差不多了，我们只需要不断练习，决策就没有多大问题。

但是，我还是想再简短地介绍一个决策法。这个方法来自希斯兄弟的《决断力》，讲的是他们归纳的一套科学、严谨且正确率高的方法：四步决策法。它是我学习的第一个决策法，也是我做"重大决策"却没法"摸着石头过河"时必用的方法[①]。不过，它步骤冗长，不太贴近生活，也只有在做很重要的决策时，我才会一步步执行这个方法。

随着使用次数的增加，我逐步改良了它，但在这里我还是想呈现最原本的方法：一千个读者就有一千个哈姆雷特，你也有从中发现亮点、自己修正方法的能力。方法如下。

（1）扩充你的选项。

（2）评估每个选项的优劣。

（3）把所有选项放到一起选一个。

（4）为该选项的不确定性留一手准备。

第一条就不说了，我们为此花的笔墨已经够多了，就从第二条说起吧。

[①] 可以的话，摸着石头过河绝对是更好的方法，但当没办法"摸石头"时，"四步决策法"当然更好用了。

评估优劣

那么多选项放在一起,你需要逐个评估优劣。就以填报高考志愿为例,以你的分数,估计可以报三所大学:A大学、B大学和C大学。扩充之后的选项有这三个。

接下来,就是分别列出优缺点。A大学的优点是位于大城市,大公司的校招多……缺点是男女比例不均衡,心仪专业排名不高……B大学的优点是专业排名高,离家近……

先把你想得到的优缺点都写下来,再对它们进行评估,做到"心里有数"。

放到一起选一个

记住,一定要一起选,哪怕有十个选项,也不能把它们分开。把所有的选项写在纸上,看着它们,最终做出决定。

为什么要一起选呢?有人做过实验,找了两个水平差不多的设计小组设计方案。第一组每做出一个方案就把它交给研究者,研究者提意见,他们再拿回去修改。第二组先把所有设计方案都列出来,研究者选一个提意见,他们再拿回去修改。结果发现,第二组设计的方案要好得多。

原因很简单,第二组把所有方案都列了出来,孰好孰坏一目了然,避免了"猴子掰玉米":看到这个觉得不错,看到那个也觉得还行,最后反而不知道哪个更好了。在这一步,可以对每个选项都来一次10/10/10法则,对冲情绪干扰。

回到选学校这件事,最后,你选择了"B大学"。

留一手准备

在我看来,这是"四步决策法"最精华的部分。我们讲过"不能孤注一掷",但具体方法呢?除了不参与可能导致灾难性后果的事件外,就是留一手准备。

很多人做事从不考虑后果,就算考虑,也不会想"如果发生 A,我会怎么办?如果发生 B,我又会怎么办?"他们最常说的话就是"随机应变"。如果随机应变那么容易,那还要计划干吗?

留一手准备就是留条后路,如果选这个选项并不顺利,该怎么补救?不把类似的问题搞清楚,就不要做大决策,拥有再高的胜率也有出错的时候。比如,选了一个就业难的专业怎么办?你需要好好分析,做好"方案 B"。

首先,就业难很可能是突然发生的。行业的发展变化莫测,为了尽量避免出差错,最好的方法是一进大学就多交不同领域的朋友,拓展自己的人脉圈,多个朋友多条路。其次,多关注行业变化,拓宽视野,思考不同赛道的发展。这就是你给自己留的后路,一旦就业难,就投奔亲友,或者到你看好的新兴行业中去。

炒股票的人经常赔空家当,就在于没留后路。买了一只股票,天天跌,卖了觉得亏钱,不卖怕亏得更凶,最终在卖与不卖的纠结中越赔越多。但其实你买股票的目的是"短期内赚钱"(大部分人是如此),而现实情况并不符合你的目的,换言之,你的老路走不通了。有经验的人就会懂得及时卖出,及时止损,这就是给自己留的后路:赚不了钱,就跑。四步决策法是科学的,就在于它有明确的应对方案。

第 22 章 定大事 | 大决策，需要一套大决策法

而我们的一切决策，也和四步决策法一样，是一套科学的工程，而非像电影中的角色那样一拍脑门就决定一件事。真实世界和电影是不一样的，踏踏实实、科学地做好大部分决策，才更有可能走到你想去的地方。

第23章 决策原则
决策高手做对了什么?

桥水基金创始人雷·达利欧在他的《原则》一书中讲述了他如何做事：依据原则。他会不断反思、验证出重要的原则，记下每一条，再拿这些原则指导自己的行为。他要责骂一个员工，就会想到责骂员工的原则：责骂不能太重、起到警示作用、展露威信……就像计算机执行程序一样。

但我不行，我连管好自己的人性都觉得不容易呢。

不过，他的做事方法依然具有指导意义。做事需要原则（原则在这里可以指"指导"或"要义"），它能提醒我们注意经常忽视的东西，点拨我们，让我们行为的"正确率"更高。

提到正确率，你肯定想到了，原则也能指导决策。

这里就要讲一些决策原则。它们不是方法，而是更高一级的态度、思维。你可以这样理解：决策方法是树枝，决策原则（决策方法的核心）是树干，而决策原理（决策的思维、态度）是树根。决策方法不如决策原理重要，而决策原理不如决策原则重要。决策方法因时而变，对应的原理也不尽相同。但决策的要义在几乎所有决策高手那儿都是相同的，这是共识。它们分别是：量化、现实、无情、复盘。

第23章 决策原则 | 决策高手做对了什么？

量化

量化是用决策水平对冲运气的重要武器。

谁都知道运气重要，比如，一般人看来，下象棋和斗地主（一种纸牌游戏）相比较的话，前者才能赛出水平。因为除了谁是先手，下象棋没有丝毫运气成分，是"绝对公平"的游戏。斗地主则不然，即便你蝉联10届斗地主世界冠军，也可能下不过拿到一副好牌的新手。你有再好的牌技又如何？

打美国德州扑克和斗地主类似，都有运气成分。有意思的是，《对赌》的作者安妮·杜克却拿了好几次冠军，被誉为"扑克女王"。为什么在一个有运气（运气比重还不小）的游戏里还会出现有压倒性优势的人呢？原因在于"量化"决策。

所谓量化，是指大量地重复。而量化决策是指按照同样的决策方法大量地做决策。高中的时候，为了解释概率，老师给了我们每人一个硬币，让我们抛10下，记下硬币落下后的正反面情况。我的记录连我自己都不信：全是反面。

告诉老师答案后，全班笑了一会儿。老师让我再抛50下，加上上次抛的10次反面的结果，最后是27次正面，33次反面，差距小了很多。后来我又继续抛，抛到100次后，正面有49次，反面有51次，已经非常接近1:1。

最后，老师把我们抛的硬币正反面结果的次数加了起来，再计算出正面出现的概率，结论是50.3%，更加接近1:1的概率。

这其中就蕴含一个统计学规律：样本容量越少就越容易偏离概

率估测结果，随机性就越大；样本容量越多就越接近概率估测结果，随机性就越小。量化的魔力就是把概率的可能转化为现实。你使用一个决策法有 70% 的胜率，也许最开始 10 次决策错了 6 次，不要灰心，继续下去。当你做了 100 次时，正确的次数就很可能接近 70 次了。安妮·杜克能成为"扑克女王"，原因一样，她具有卓越的决策能力，每年都会经历各种大大小小的比赛，比赛越多，样本容量就越大，比赛结果胜率就越接近她决策的胜率。

所以，当你学会决策，认定一个决策方法后可以不断修改，但不要随意替换。不要稍微不顺，做了一两个结果不好的决策，就认为方法不行，要换方法。决策方法频繁变动，每个方法都得不到量化，最后和不使用决策方法一样，都是碰运气。

在"量化"这件事上，还有人因此致富。投资家马文亚通过打德州扑克领悟出了"量化"的道理，随即就运用在股市中。他的观念很简单，只要找到有 51% 胜率的方法，不断重复交易，累积起来，收益一定远超人为判断的收益。他随后借助计算机把这套方法编入程序，成立了自己的阳光私募资金公司。在 2015 年阳光私募基金纷纷倒闭的时候，他的基金获得了 200% 的年化收益回报。

你可能会很奇怪，不是只领先了 1% 吗，怎么会有 200% 的收益呢？那是因为量化的结果会产生复利效应，即所谓的滚雪球效应。打个比方，资金增长了 1%，便会在 101% 的基础上继续增长 1%，按这样的比例增长下去，最终增长到 200%。尽管概率始终不变，但成果却可以累加。就好比你每天比别人聪明一点，变聪明的频率是相同的，但一年后智慧的增长速度会越来越快，总量也会越来越大。

这就是量化的第二个魔力：结果可以累加，而且越累加速度越快。

现实

讲完量化决策，第二个要义是面对现实。

决策需要信息做支撑。你要送女朋友礼物，就必然接触各种信息：她喜欢的颜色、动物、食物，礼物的价格，自己的收入等。只不过，大多数时候，我们的大脑会自动处理这些信息，处理的结果通常也还能让人满意。加上好的决策方法，不需要其他方法自己也可以做得不错。

但在一个不熟悉的领域，解读信息就没法自动进行了，因为你知道的信息不够多。还是举送礼物的例子：你和她才交往一个月，不知道她喜欢什么，也不知道该送什么才能让她开心。这时候，很多人就凭直觉送，反正也不知道送什么好，随便选一个吧。

这样做对这个男孩子来说就很危险了。你需要的不是凭感觉，而是面对现实。

你需要细致观察，观察她的手机壳、锁屏封面，推测她感兴趣的东西，收集更多信息，然后做出推断，锁定几样礼物，挑一个买下来。这就是面对现实的过程：尽你所能，收集足够多、足够有用的信息，而不是靠主观臆断。

如果你知道自己会死在哪，你还会去那个地方吗？如果你知道走的这条路是死胡同，你还会走吗？显然不会。决策的资源是信息，信息越重要、越真实，做出正确决策的概率就越大。只要能偷瞄到赌王的牌，你、我都有可能赢过他，因为我们掌握了更多、更重要的信息。信息的质量和数量对决策的影响不亚于决策方法。

一般来讲，我们不需要额外搜集信息，也同样能做好决策。只有在决策很重要或者你对相关领域感觉陌生时，你才需要主动搜寻，搜寻的方法就是"加权"。

信息的优劣

搜寻信息每个人都会，实在不行，在网上查一下"女朋友喜欢什么礼物"，会有数不清的答案。但是，对于"加权"很多人就做不到了，甚至根本没听过。

加权的意思是给不同的信息赋予不同的"信任度"，即你认为的正确率。有的信息信任度高，优先考虑；有的信息信任度低，干脆不考虑。不懂加权的人，最典型的特征是听风就是雨。昨天看到女朋友的手机壳上有一只兔子就打算买个卡通抱枕送她，今天听说她喜欢收集彩笔，又打算买一盒彩笔送她。或者看到微信里"女孩子最喜欢……"的分享文章，不管三七二十一就信了，却没有思考这篇文章对自己适用与否。

这样的人，用再好的方法也不容易做出好决策。他们拿一堆错误的信息做决策，分辨不出信息的优劣，自然无法进行加权。我们收集信息的时候，需要有意识地进行加权，只信任优质信息。

回到送礼物的例子。女朋友使用某件物品是因为喜欢这件物品的概率肯定高一些，所以手机壳上的兔子应该是优质信息，而她身边的八卦很多都是假的，也没见过她有几只彩笔，所以"喜欢收集彩笔"是劣质信息。像这样筛选出几条优质信息，再用它们指导决策。至于劣质信息，忽略它。

你可能会想，这样是不是太死板了？感觉和机器一样没趣。其实，这只是因为你没有形成思维习惯。你之前的判断性思考是一种习惯，加权思维又是一种习惯。你只不过是用新习惯替代了老习惯而已。况且，加权乃至决策都只是工具，它们背后都有"目的"。当你达到目的，看到女友由衷喜悦的表情，美好的感觉一定会让你觉得值得。

无情

"无情"不是指"没有感情"，而是"不含情绪"。情感不是情绪，而是一个人的世界观、人生观、价值观的整合。情感最为珍贵，它是"我们"成为"我们"的原因。但情绪不是，每个人面对危险时几乎都有"打"或"逃"的反应。情绪，只是大脑的同质化信号。

要注意，这里的"情绪"和之前所讲的用"10/10/10法则""摸着石头过河"对付的"情绪"并不相同。之前讲的情绪是指你偏爱某一个选项，而这里的情绪是指你被它冲昏了头脑、智商下线而胡乱决策，前者作用于选项，后者作用于你这个人。

但是，只要你细细品味，就会发现我们无时无刻不在情绪之中，只是情绪大小不同而已，想要不含情绪地做决策几乎毫无可能。你买冰激凌时挑选口味，本身就是味觉影响你的情绪，没有情绪就代表你无法想象一个冰激凌的味道，无法钟情于一个口味，无法在看到一个包装后流口水,如果这样,你还选得出来吗?

所以,把"无情"理解成"不含情绪"也是有问题的,最好的解释应该是"不含过激的情绪",换句话说,就是"别太兴奋"。

马路上经常有"路怒症"者。路很堵,大家心情都不好,这时前面的车突然急刹车,或者后面的车狂按喇叭,两车的人都气不打一处来。我大学时有一次坐出租车就遇到这种情况。两方司机势均力敌,宛若两军交战,血洒沙场。我只好放下车费自己先走了,走了很长的路才回到宿舍。

那些司机的决策,即互相辱骂甚至开打,是明智的吗?当然不是。但若是我们也陷入怒气中,说不定做的决策也差不多,甚至更糟,原因就在于我们陷入了强烈的情绪——它会把我们的智商拉到负数。可以说,只要陷入强烈的情绪,你一定做不好决策。但如何不受强烈情绪的干扰呢?有一个很简单的方法,一共分为两步。

第一步,你要为"强烈的情绪"起个名字。比如"大象""火箭""绞肉机",随便起一个就可以,目的是增强它的辨识度。有时候,我们明明很生气或者很沮丧,却没有意识到,决策已经无声无息地开始做了。而只要你给强烈的情绪一个名字,你认出它的概率会大得多。

我没有给每个情绪都起名字,只要情绪强烈,我都会叫它"北极熊",提醒自己它来了,做决策的事先缓一缓。

第二步,认出"强烈的情绪"后延迟做决策。《魔鬼经济学》一书里有一个"24小时法则":如果你有了一个极好的主意,它让你欢呼雀跃,那请先放下它,24小时之后再看情况如何。那时候,你很可能觉得这个主意很差。当你处在强烈的情绪中时,智商一定会受影响。除了狂喜,其他情绪也是如此,最好缓一缓,等冷静后再考虑决策的事。

但若是延迟不了,就用"极小动作法",把自己的注意力暂时转移到别的事情上,过一会儿再转移回来①,减少情绪干扰。

有一次,我和朋友探讨一个问题,结果我俩谁也不让谁,争得面红耳赤,已经到了"骂战"的阶段了。我突然意识到,"北极熊"来了。说时迟,那时快,我马上低头系鞋带:先解开,再系上,神色平静。这个小小的动作让我短暂地从我们的争论中抽出了身。起来后,我的语气也柔和了一些,慢慢回归了正常。

复盘

最后一个原则其实是我们的老朋友了。在"清晨三件事"那一章,我们就讲过每天的复盘:寻找经验,了解目标损耗。而在"晨、晚、周"那一章,我们也讲过要对每周所学复盘,月管理的生命之花同样也强调复盘。稍微用心一点,你会发现,在自律中,复盘是最重要的操作之一。

做决策,复盘依旧重要。好的决策者会时不时复盘做过的决策,寻找经验和需要改进的地方。安妮·杜克每打完一次扑克就会和哥哥一起复盘。照理来说,复盘应该是"这里打得不错,那里有待加强",但杜克忍受不了失败,看到自己失败的牌局她就毫无兴致,也

---

① 这也算一种延迟,只是延迟的时间短得多。

没法心平气和。

所以,她的复盘只针对自己成功的牌局。哥哥会和她探讨"哪里打得好,哪里可以打得更好"。虽然她只复盘了一部分牌局,但还是成了"扑克女王"。

就像我们最初讲"习惯未必每天都要执行",复盘也不是每次决策后都要做。我们可以效仿杜克:复盘自己想复盘的决策。因为,如果你不想复盘却逼着自己复盘,很可能会胡乱塞很多理由。遇到困难时,只要出现一个看起来有道理的理由,人们普遍就会认为它是正解,而非继续思考。这样的复盘是没什么成效的。复盘在精不在多,你用不着复盘"买可乐还是雪碧"这样的问题,只需要复盘一些重要的事情,从中汲取经验教训就够了。

大概10年前,我满怀希望地投资了一家公司,结果它的表现和大多数公司一样糟。投资那家公司是一个决策,复盘时,我问自己:"这个决策哪里做得好,哪里做得不好呢?"

虽然结果不好,但还是要避免"以成败论英雄",要知道即便是好决策也可能带来坏结果。我的复盘仅限于决策本身和之后遇到的问题。我得出的结论是,调研做得好,但不是"有限的尝试",甚至没有给自己留后路。自己在现金流方面做得不好,在科学决策的实践上做得也不好。随后我明白了,不仅是结果不好,决策也不好。我继续提炼,获得了以下三条经验教训。

(1)做大决策时,必须充分考虑自身条件。

(2)尝试必须有限,即便尝试结果较好,做决定时也要给自己留后路。

（3）坚持把科学决策的思维放在生活的每个角落。

虽然那次投资不理想，但得到的这三条关于决策的经验教训也在我日后的工作和生活中帮了我大忙，甚至这本书的诞生都和它们有关。复盘的厉害之处在于"让我们做自己的老师"，比起其他老师，这位老师讲解得更好，也更深刻。

既然这本书的最后一个小标题是"复盘"，我猜，你一定想到接下来该做什么了。没错，这本书写到这里就结束了，但它给你的遐想会一直伴随你。如果你认为它对你有益，不妨现在就给自己做个小复盘，好让这本书带给你的影响更久一些，也让我和你之间的联系，更久一些。